T0089155

De la mano de tu alma Mujer

De la mano de tu alma Mujer

Claudellys Cordero

Copyright © 2015 por Claudellys Cordero.

Diseño de portada:Andrea Herrera

Fotografía: Yasmin I. Leal

Número de Control de la Biblioteca del Congreso de EE. UU.:   2015900505
ISBN: Tapa Dura   978-1-4633-9857-6
                   Tapa Blanda   978-1-4633-9859-0
                   Libro Electrónico   978-1-4633-9858-3

Todos los derechos reservados. Ninguna parte de este libro puede ser reproducida o transmitida de cualquier forma o por cualquier medio, electrónico o mecánico, incluyendo fotocopia, grabación, o por cualquier sistema de almacenamiento y recuperación, sin permiso escrito del propietario del copyright.

Las opiniones expresadas en este trabajo son exclusivas del autor y no reflejan necesariamente las opiniones del editor. La editorial se exime de cualquier responsabilidad derivada de las mismas.

Información de la imprenta disponible en la última página.

Fecha de revisión: 06/03/2015

Para realizar pedidos de este libro, contacte con:
Palibrio
1663 Liberty Drive
Suite 200
Bloomington, IN 47403
Gratis desde EE. UU. al 877.407.5847
Gratis desde México al 01.800.288.2243
Gratis desde España al 900.866.949
Desde otro país al +1.812.671.9757
Fax: 01.812.355.1576
ventas@palibrio.com
702319

ÍNDICE

A mis amadas hijas, *Valentina y Valeria,*
mi mayor estímulo, este libro es para ustedes,
para que en un futuro sean mujeres
que hagan su propio camino.

PRÓLOGO

Prologar un libro no es tarea sencilla y mucho menos cuando la autora del libro es una persona tan importante en la vida de la prologuista; aún así, haré mi mejor esfuerzo por escribir estas líneas con la objetividad que se merecen las futuras lectoras. Hablo en femenino porque se trata de un libro escrito por una mujer para todas las mujeres del mundo, su autora *Claudellys Cordero* debe su formación académica a la Universidad Central de Venezuela, en sus pasillos apenas iniciándose en su carrera, defendía con vehemencia la visión humanista de la Psicología y la idea de que la historia de vida de cada persona determina en buena parte sus acciones, actitudes y forma de relacionarse con el entorno; no pocas veces le escuché la frase *"el delincuente no nace se hace"* y pronto se insertó en el Servicio de Asesoramiento Psicológico y Orientación de esa casa de estudios, lugar donde realizó sus pasantías institucionales y atendió sus primeros casos como psicóloga en formación, la mayoría de ellos relacionados con las vicisitudes femeninas.

Obtuvo con éxito su licenciatura en Psicología en el año 1997 y de inmediato, comenzó su formación en Terapia Gestalt e hizo de la consulta terapéutica privada su modo de vida como profesional en esta área de la salud; pero por un asalto del destino, a muy temprana edad se vio forzada a emigrar de su tierra natal — a la que ama inconmensurablemente — y adaptarse a una nueva cultura, a un nuevo idioma y así cada mañana con sus bolsillos cargados de dudas buscar un nuevo destino en tierras lejanas a sus grandes afectos. No cedió a la tentación del *"no se puede"* y de quedarse en su zona de confort — como ella misma lo define-, ni renunció a la misión de vida que siente que se le ha encomendado, por tanto, dedicó sus primeros años de adaptación a los nuevos tiempos a completar su formación profesional haciendo un postgrado a distancia en el Instituto Superior de Estudios Psicológicos (ISEP) en España, especializándose como terapista sexual y de pareja. Recientemente se ha certificado como Life Coach Integral en la Academia de Coaching y Capacitación Americana ACCA, y hoy nos obsequia en este libro el fruto de muchos años dedicados a la consulta privada, al reconocimiento de las principales creencias que limitan y encadenan a las personas en la búsqueda de su propio destino, con la consecuente visión científica y validez que se apoya en métodos científicos como la encuesta y el estudio de casos.

En suma, el libro es un canto a la libertad, en una invitación al *"Sí se puede"* no solamente apoyado en la experiencia profesional de la autora, sino en su propia historia de vida. Describe las principales creencias que no atendidas o revisadas a tiempo, a la postre se convierten en las frustraciones cotidianas que se transmiten de generación en generación y encadenan la realización personal del individuo a patrones que no son suyos y que lo distancian de sus más genuinos sueños; la descripción que hace de los casos atendidos en su consulta a menudo invitan a la más profunda reflexión sobre las más sencillas situaciones en las que - inmersas en nuestra cotidianidad - transmitimos como madres a nuestros hijos los más aviesos mensajes para la formación de su templanza personal y nos brinda las herramientas para convertirnos en las mejores *coach de vida* para nuestros hijos.

Convencida que toda mujer aspira llegar a su vejez sintiéndose plena y realizada, con la certeza que cumplió con los afectos que ella misma engendró, y también realizó sus mas íntimos anhelos; a la vez segura que ello es posible y realizable, lo que impone de nuestra parte una ardua y constante labor, la autora nos enseña a atajarnos, a revisar nuestras creencias y virar el timón cuando ello sea necesario, desde luego, dando herramientas para lograrlo.

Desde ya vaticino una segunda entrega de esta obra en la que, así como hoy, nos brinda herramientas para superar las creencias limitantes, mañana nos ofrezca las necesarias para paliar el dolor que generan las pérdidas, el destierro y las circunstancias de vida que escapan de nuestro control.

"Los sueños se cumplen amadísima hermana"
Corallys Cordero de D´Incecco.

INTRODUCCIÓN

Alguna vez te has preguntado si te sientes satisfecha con la vida que tienes? Si el trabajo o la ocupación que tienes te gusta y te apasiona? Si la pareja que tienes a tu lado ahora es realmente esa persona que te valora y con la que quieres continuar tu camino? Si lo que haces en tu día a día te genera satisfacción? En fin, piensas y sientes que la vida que llevas en este momento es la que has querido o la que realmente te hace sentir plena? Si tu respuesta a todas estas preguntas es afirmativa puedes sentirte bendecida y exitosa porque has alcanzado tu realización. Si responder alguna de estas preguntas te ha generado ansiedad, te hizo titubear o te has dado una respuesta negativa, es momento de detener el paso, revisarte y darte cuenta que eso que hoy no te hace sentir plena lo puedes cambiar. Es tiempo de conectarte con tu alma y conocer el maravilloso potencial que tienes para lograr todo lo que has soñado, para hacer de tu vida una experiencia positiva y grandiosa.

Como seres humanos nos distraemos tanto en la cotidianidad, en la rutina que envuelve nuestro día a día, que olvidamos que el conocimiento de nuestra esencia, de nuestra alma es indispensable para alcanzar la realización personal, la realización de los sueños, porque es allí donde está la esencia de lo que somos, lo más íntimo de cada uno de nosotros. Es allí donde se deben tomar las decisiones de vida importantes, sin desatender a la razón, pero escuchando y entendiendo lo que el alma nos dice. El alma es nuestra esencia, nuestra intuición, esa voz interna que nos susurra para enseñarnos lo que queremos ser, lo que queremos lograr y hacer de nuestra vida, hacia donde queremos ir, es ella la mejor guía.

Si conectas con tu esencia es posible lograr lo que te propongas, llegar a donde quieras llegar en tu vida, es posible realizar los sueños.

Pretendo con este libro, orientado a la mujer, llegarle a cada una de ellas, las que se sienten limitadas, que han descuidado sus metas personales porque han puesto toda su energía en un solo rol y hoy no se sienten satisfechas con la vida que tienen. Ellas, las que han olvidado que pueden ser más de lo que piensan. Mujeres que llevan la vida sumergidas en creencias limitantes, frustraciones y poca valoración de sí mismas porque no han aprendido a conectarse con su esencia y por ende no han aprendido a programarse para alcanzar la realización independientemente de los roles que puedan cumplir, como madre, esposa, ejecutiva. Ser una buena madre no necesariamente debe significar la renuncia a ser una ejecutiva o mujer trabajadora exitosa, por ejemplo. También a aquellas mujeres que de una u otra manera se sienten plenas con su vida, para que reconozcan en sí mismas el potencial que las ha hecho llegar hasta la realización personal, y sirvan como ejemplo a las generaciones futuras.

En mi experiencia personal y profesional he tenido la oportunidad de conocer diferentes mujeres que, según su historia de vida y capacidad para conocerse a sí mismas, se manejan desde creencias y patrones aprendidos que es preciso revisar para reconocer cuales de esas creencias y patrones hoy generan ganancia, aportan y nos empujan a ir en busca de lo que queremos ser y lograr; y cuales, por el contrario, están limitando nuestra realización.

Es preciso destacar que todo lo expuesto en este libro está basado en datos bibliográficos, mis experiencias propias y una encuesta realizada a una muestra de 72 mujeres hispanas, todas pertenecientes a sociedades que cultural y jurídicamente se sustentan en esquemas de igualdad de derechos y oportunidades para hombres y mujeres, todas de habla hispana y con un nivel de educación universitario. Dicha encuesta consta de 8 preguntas cerradas, se realizó de forma escrita y se aplicó a la muestra seleccionada, quienes la respondieron de manera anónima. También he tomado relatos, ejemplos y experiencias de personas que he tenido la oportunidad de ayudar desde mi rol de terapeuta, manteniendo en todo momento el anonimato para proteger su identidad.

El trabajo realizado ha sido de tipo descriptivo, pues busca establecer las realidades de los procesos psicológicos y patrones de creencias limitantes de las mujeres. Según Tamayo[4] la investigación descriptiva comprende la descripción, registro, análisis e interpretación de la naturaleza actual y procesos del fenómeno. El enfoque se hace sobre conclusiones dominantes o sobre cómo una persona, grupo o cosa se conduce o funciona en el presente.

Además, ha sido un trabajo de campo, el cual de acuerdo con Arias[5] consiste en la recolección de datos directamente de los sujetos investigados, o de la realidad donde ocurren los hechos (datos primarios), sin manipular o controlar variable alguna, es decir, el investigador obtiene la información pero no altera las condiciones existentes.

Espero con este libro que toda mujer que lo lea sea capaz de auto conocerse, de conectar con su esencia, con aquello que anhela o desea alcanzar en su vida personal, de descubrir en sí misma que sus capacidades son ilimitadas, que sí se puede alcanzar la realización personal en todos los roles que cumplimos. Y que aquellas que se sienten satisfechas con su vida, con lo que han logrado, con lo que son, afiancen sus propias convicciones.

Ofrecer este libro impone una advertencia de mi parte, no pretendo ofrecer formulas mágicas para alcanzar la autorrealización, pretendo con estas líneas promover en la mujer la toma de consciencia para reafirmar que puede asumir su vida y cumplir satisfactoriamente con los roles que le exige hoy en día la sociedad. A través de las herramientas que nos brinda el Coaching, busco promover en la mujer el darse cuenta de su capacidad, su potencial, su talento. Invitarlas a revisar sus creencias y cambiar aquellas que consideren necesario cambiar para evitar sentimientos de culpa y frustraciones.

Deseo que mi mensaje de SI SE PUEDE llegue a ti MUJER, despierte en ti tu verdadero potencial y permita que te proyectes en tu vida para tener éxito, para alcanzar la autorrealización, para estar en el camino que quieres estar, sin sentimientos de culpa ni cargas emocionales limitantes.

¿A QUIÉN DEDICO ESTAS LÍNEAS?

"De una mujer, para todas las mujeres del mundo"

En mis años de estudiante universitaria, por allá en los años 90', tuve la oportunidad de conocer y trabajar con mujeres de diferentes edades, ello despertó en mí un interés que hoy sigue manifestándose. Fue así como trabajé mi tesis de grado en la universidad con mujeres a quienes les habían diagnosticado cáncer de mamas y debían ser sometidas a una mastectomía radical, una experiencia que aún recuerdo con la intensidad que tocó mi alma. Tuve la oportunidad también de orientar mis pasantías institucionales en el trabajo con mujeres que buscaban orientación vocacional, notando que en su mayoría, estas mujeres se enfrentaban a un sinnúmero de creencias limitantes y patrones aprendidos que les interferían notablemente al momento de cristalizar su elección vocacional. De esta manera, fui testigo de cómo muchas de ellas desviaban su elección y decidían enrumbarse en un camino que no era el camino en el que ellas realmente querían estar, no era el camino que ellas *querían* transitar. Notarás que hago énfasis en la palabra "querían", si, porque al dejarse llevar por sus creencias y patrones aprendidos dejaban de lado aquello que en su interior latía como una verdadera pasión y misión de vida, orientándose entonces a lo que las circunstancias de vida les exigía o lo que otras personas esperaban de ellas.

Posteriormente, al cabo de unos pocos años de egresar de la universidad me preparé y formé como terapeuta para dedicarme a la consulta privada, pasión que desde muy temprano descubrí, por lo que decidí dirigir mi desarrollo profesional en el área clínica de la psicología. En el año 2003 comencé a trabajar en la consulta privada, actividad que hasta la fecha realizo, llegando a este momento de mi vida en el cual impera en mí una reflexión.

Dando un vistazo a la historia y partiendo de lo que la realidad histórica nos muestra, la mujer desde el principio de la humanidad ha tenido que superar una serie de obstáculos para trascender su condición de madre y demostrar que la maternidad no es, ni un oficio, ni un deber, sino un simple derecho entre tantos otros, para alcanzar así la posibilidad de desempeñar otros roles en una sociedad que luce creada por hombres y para los hombres, bajo el auspicio de una cultura de roles rígidos difíciles de trascender, sostenidos además por la religión, la educación y la participación en los poderes públicos reservada a los hombres durante siglos. Muchos han sido los temas de investigación y estudio respecto a los roles que juega cada género en la sociedad y sobre los acontecimientos históricos que, generando la evolución de la humanidad, también permitieron la incorporación de la mujer al mercado de trabajo, la conquista de sus derechos civiles, políticos y sociales al punto en que hoy son muchas las sociedades que propugnan la igualdad de derechos entre géneros y prohíben toda forma de discriminación fundada en sexo, raza o condición social, política o religiosa.

Podemos aseverar así que hoy por hoy es inmenso el número de sociedades en las que mujeres y hombres tienen idénticos derechos y cumplen en igualdad de condiciones y oportunidades todos los roles sociales; sin embargo, en este escenario de condiciones iguales para hombres y mujeres ¿Por qué siguen siendo motivo principal en las consultas terapéuticas las frustraciones femeninas? ¿Por qué muchas mujeres renuncian voluntariamente a sus propias metas personales? ¿Qué tipo de creencias limitantes impiden con frecuencia que muchas mujeres cumplan sus sueños más anhelados? La respuesta a estas preguntas no parece hallarse en razones históricas, ni religiosas, ni siquiera culturales, pues en mi experiencia personal y profesional he conocido diferentes mujeres que, según sus creencias, historias de vida y capacidad para conocerse a sí mismas, asumen la vida desde diferentes perspectivas, siendo allí, en sus historias personales de vida, donde a menudo se encuentran las respuestas a sus propias insatisfacciones o frustraciones, con absoluta prescindencia de sus orígenes raciales y sus propias convicciones religiosas. Es por esto que hoy la mujer es motivo de inspiración para escribir este libro. Es por ello que dedico estas líneas a toda mujer que hoy sienta que sus aspiraciones más genuinas, por la razón que sea, están cercenadas; y también a toda mujer que hoy pueda reconocer que está en el camino que quiere estar, que ha logrado autorrealizarse, que hoy su vida le muestra que ha valido la pena labrar su propio camino, para que identifique cómo ha llegado hasta allí, y cómo puede mantenerse.

Dedico estas líneas a ti, mujer, que vives hoy en una sociedad cada vez mas exigente y dinámica, que perteneciente a tu género hoy cumples diferentes roles que exigen de ti un equilibrio. Ser mujer es una bendición, y como tal puedes vivirlo, si descubres tu verdadero potencial, si te conectas con tu esencia, si buscas descubrirte y darte cuenta que puedes desempeñar un rol desde lo mejor de ti sin que ello signifique renunciar a otros, renunciar a tus sueños y anhelos personales.

Como mujer, son muchos los caminos que transitamos, caminos que sólo nosotras podemos labrar, que no corresponde a otros hacerlo. Has pensado en esto alguna vez? Te has dado cuenta que sólo tú tienes el poder de decidir hacia donde quieres ir? Sólo tú puedes saber si estás en el camino que quieres estar, sólo tú conoces tu verdadero sentir?

Pretendo con este libro invitarte a descubrir cuál es el camino que quieres transitar en tu vida, sin importar la edad, cultura o religión, siempre hay y habrá una posibilidad para cambiar, siempre habrá una oportunidad, sólo necesitas verla y desde tu ser mas íntimo y profundo decidirte a cambiar si has descubierto que aún no estás en el camino que quieres estar. Si, por el contrario, te has dado cuenta que te encuentras en el camino que quieres, pues bien, reconocerte cómo has llegado hasta aquí y saber que puedes mantenerte es preciso para continuar haciendo de tu vida una experiencia gratificante.

Jorge Bucay, en su libro *Déjame que te cuente...los cuentos que me enseñaron a vivir*, nos dice *"Para volar hay que empezar asumiendo riesgos...si no quieres, lo mejor quizá sea resignarse y seguir caminando para siempre"*[1]. Si quieres volar, si quieres que eso que sueñas se haga realidad debes asumir riesgos, para ganar tienes que estar dispuesta a perder. Todo cambio trae consigo pérdidas o renuncias, y a su vez grandes ganancias.

Es muy fácil estar en nuestra zona de confort, y pensar que ya tenemos todo lo que queremos o simplemente sentir que no merecemos más de lo que tenemos. Si estos son los pensamientos que pasan por tu mente constantemente te estás cerrando a la posibilidad de llegar más allá. Creer que tienes todo te coarta la motivación para intentar cosas nuevas, te frena para alcanzar nuevas metas por miedo a perder lo que ya tienes, entonces te convences de que ya tienes lo que quieres, y ese conformismo te lleva a sentir que no hay nada más que puedas hacer, pero en tu interior te sientes insatisfecha, con sueños aún no realizados que laten dentro de ti. Así, justificas el estar donde estás, ves cualquier oportunidad como una amenaza porque afecta tu estabilidad actual, te mantienes en tu zona de confort sin darte cuenta que tú misma eres el obstáculo de tu progreso.

Hoy quiero decirte que todo siempre se puede mejorar, el éxito se logra cuando tus sueños son más grandes que tus excusas. No dejes que tu alma se aquiete, si hoy te sientes satisfecha con la vida que tienes permíteme decirte que puedes lograr más, que siempre hay algo que mejorar, el éxito es ilimitado.

Si no sabes cuál es el camino que quieres recorrer, detente un momento, cierra los ojos y escucha tu voz interior, deja que tu alma te hable, permítete escucharte a ti misma, y encontrarás la respuesta.

CREENCIAS QUE LIMITAN

*"La vida es un libro, escrito por
su propio protagonista"*

Todos, cuando llegamos a este mundo, nacemos como un papel en blanco. Imagina tu vida como un libro cuyas hojas están en blanco en el momento en que naces, y a medida que transcurren los años cada una de esas hojas se van imprimiendo con información de tus propias experiencias. En los primeros años de vida, como niños, vamos absorbiendo y registrando en nuestro cerebro todo lo que nos rodea. De tal manera que cada actitud, conducta y reacción que percibimos en las personas con quienes nos vinculamos afectivamente, en especial nuestros padres, se van grabando al pie de la letra en nuestro sistema mental y allí se almacenan como parte de nosotros. Es así como los primeros capítulos del libro de tu vida se van escribiendo sin que tu ni siquiera te des cuenta, a través de las experiencias propias en tu infancia, positivas y negativas, de los mandatos que los adultos te dan en su justificada labor de formarte y criarte, y a través de lo que los adultos que te rodean hacen. Como niños aprendemos más de lo que "hacen" nuestros padres o las personas que están a cargo de formarnos, que de lo que dicen. Podemos decirle verbalmente a nuestros hijos que robar es malo, pero si vamos a una tienda y ellos nos ven tomar un artículo que luego guardamos en el bolsillo y lo llevamos sin pagarlo, lo más probable es que ese niño cuando vaya solo a una tienda y vea algo que le guste lo tome y lo lleve en su bolsillo sin pagar y sin ningún sentimiento de culpa, a pesar de que en repetidas ocasiones le hemos dicho verbalmente que eso no se hace.

Albert Bandura[2], un psicólogo líder del siglo XXI reconocido como pionero de la teoría de la cognición social, afirma que los seres humanos aprenden a través de la observación, la imitación y el ejemplo de los demás. Bandura sostiene que el aprendizaje tiene lugar a través de la observación del comportamiento y las actitudes, de tal manera que las personas aprenden a través de la observación de otras personas, lo que los lleva a formar su propia idea de cómo esa conducta se lleva a cabo, idea que puede utilizarse como guía para el futuro.

Cuando llegamos a la edad adulta, ya tenemos un formato registrado en la mente de cada uno de nosotros, que nos sirve de guía para manejarnos ante las diferentes experiencias, situaciones y circunstancias que vamos afrontando. Este formato no es más que un sistema de creencias y patrones de conductas que se han instalado y que hemos aceptado como nuestro, pero que en realidad no nos pertenece sino que es el producto de lo que hemos aprendido de otros.

Robert Dilts, en su libro *Cómo cambiar creencias con la PNL*, dice "Una creencia es una generalización sobre cierta relación existente entre experiencias"[3]. Podemos entender entonces que una creencia es una idea que consideramos verdadera y como tal la asumimos como cierta, no existe un fundamento o justificación que compruebe o demuestre que esa idea es cierta o verdadera y sin embargo la asumimos como tal. Supongamos el ejemplo de un niño que derrama su vaso de leche sobre la mesa y su madre le dice "No es culpa tuya, fue un accidente, a todos nos puede ocurrir". El mensaje que la madre da al niño en este caso lleva consigo la posibilidad de equivocarse, de esta manera el niño aprende que tiene derecho a cometer un error sin que ello signifique definir su identidad. Si, por el contrario, la madre dice "Que torpe eres, siempre derramas todo" está dejando en el niño un mensaje que va directamente a su identidad, definiéndolo como torpe. Lo más probable, es que este niño crezca sintiendo que es torpe, y convencido de serlo, incapaz de refutar esa realidad porque ese mensaje se ha instalado en él como una creencia. De esa manera, muy probablemente irá teniendo conductas y actitudes de torpeza en su vida que, a su vez, le irán confirmando su creencia.

Cualquier cosa que asumamos como parte de nuestra identidad comenzará a ejercer un profundo impacto en nosotros. Bandura[2], en sus investigaciones, introduce el concepto de *expectativas sobre la propia eficacia*, que no es más que las creencias que cada persona tiene acerca de su propia capacidad para hacer algo. Hace hincapié en la importancia de las creencias propias de cada persona acerca de su capacidad de aprender algo nuevo. Y en esto es en lo que me quiero centrar por el momento.

Cuantas veces pensamos en algo que nos gustaría hacer, por ejemplo, aprender un nuevo deporte, o aprender una modalidad de baile que nunca antes hemos realizado, y de inmediato llega a nosotros ese pensamiento que nos dice "tu no puedes hacer eso" "eso es muy difícil de hacer" "si no lo aprendí cuando era niña ahora ya no puedo aprenderlo". Ese diálogo interno que a menudo mantenemos encendido, por lo general, está guiado por nuestras creencias.

Ahora bien, te estarás preguntando ¿Y qué hago entonces con mis creencias? ¿Cómo saber si debo cambiarlas? Comienza por identificar cuáles son tus creencias, cuáles de ellas hoy te sirven en tu vida, te generan bienestar y te permiten avanzar, y cuáles de ellas, por el contrario, te están limitando y no te ayudan a avanzar. Para esto puedo ponerte un ejemplo muy claro.

Una vez recibí en la consulta a una dama que venía cargada de culpas por no tener tiempo para sus hijos. Era una profesional apasionada por su carrera, se le había presentado la oportunidad de trabajo que siempre había deseado. Era un empleo que exigía de ella cumplir un horario de 9 horas diarias, por lo que sus hijos, que ya eran pre-adolescentes, debían llegar del colegio a calentarse su almuerzo y hacer tareas solos mientras ella llegaba al final de la tarde. Se debatía ella en la consulta entre su anhelo de continuar en ese trabajo en el que se sentía plena y realizada como profesional, y la culpa por sentir que estaba descuidando a sus hijos y no estaba siendo la madre que "debía ser", a pesar de que sus hijos en ningún momento le habían recriminado su ausencia, por el contrario, le decían que ellos ya eran grandes y podían quedarse solos mientras ella llegaba del trabajo. Además, eran niños con un rendimiento escolar en excelencia, lo que evidenciaba que su capacidad para hacer tareas y estudiar solos era significativa. A medida que avanzaba la terapia, en su discurso, le escuchaba decir frases como "una buena madre antepone sus hijos a todo" "yo no importo, lo más importante son mis hijos". Su historia de vida incluía cierto abandono materno, su madre la tuvo siendo muy joven y fue su abuela quien se encargó de criarla. En numerosas ocasiones ella llegaba de la escuela y nadie la recibía en casa, pues mientras su madre trabajaba y se ocupaba de su juventud, su abuela buscaba ganar dinero como costurera, lo que le exigía visitar a sus clientas durante el día. Eran frecuentes las discusiones entre su abuela y su madre, en las que la abuela recriminaba a su hija su falta de responsabilidad como madre y su egoísmo por estar más pendiente de sus distracciones y su vida de joven que de su niña. En las discusiones con frecuencia resaltaban frases como "tu hija es más importante que tu trabajo y tus amigos". Por otra parte, cada vez que ella llegaba a casa y se encontraba sola sentía que no le importaba a nadie y la poca atención que recibía de su madre le generaba sentimientos de soledad y abandono.

Este caso es un reflejo del poder que tienen nuestras creencias sobre nosotros. Esas frases que a lo largo de las sesiones repetía como "una buena madre antepone sus hijos a todo", "yo no importo, lo más importante son mis hijos" no eran más que creencias que, por su historia de vida, se instalaron en ella. Sus sentimientos de abandono y soledad experimentados en su infancia generaron en ella, entre otras cosas, la sensación de no ser importante para sus seres queridos, además de una concepción poco flexible sobre lo que significa ser una "buena madre", esto fue lo que ella aprendió. De tal manera que, según sus creencias, si ella no recibía a sus hijos al llegar de la escuela por estar en el trabajo, ella no estaba siendo una buena madre; y por otra parte, como sus hijos no le recriminaban su ausencia y más bien habían logrado adaptarse a su realidad, confirmaban su creencia de no ser importante para ellos.

Fue preciso entonces trabajar sus creencias, a través de un proceso profundo de autoconocimiento e introspección ella pudo reconocer que sus creencias respondían a una historia de vida que no es la misma historia de sus hijos, y que podía mantener su trabajo y a la vez ser la madre que quería ser, no la que, según sus aprendizajes, "debía ser", porque ese "debía" incluía creencias que hoy la limitaban, que no le permitían avanzar porque le generaban culpas. Fue así como decidió que cada día al llegar de su jornada laboral, revisaba con sus hijos las tareas, cenaba con ellos y veía el programa de tv favorito de ellos antes de dormir, y los fines de semana los dedicaba por completo a su familia. Hacía de los momentos en familia un espacio para estar con sus hijos y disfrutar con ellos. De esta manera, transformó la cantidad de tiempo en calidad cuando se trataba de sus hijos, y logró conectarse con su verdadero valor como madre.

Imagina tu sistema de creencias como un filtro a través del cual pasa toda la información que percibes por tus cinco sentidos, en el que parte de esa información se va quedando almacenada y otra se desecha. Recuerdo una amiga que me contaba una vez que a su niña le gustaba cantar y un día llegó de la escuela muy emocionada diciendo que sus maestras le pidieron que cantara en unas actividades especiales de música porque pensaban que su voz era melodiosa. En aquel momento, mi amiga cada vez que contaba esto a otras personas, acotaba a manera de chiste en el cuento la frase "así serán de sordas esas maestras porque mi hija lo menos que tiene es voz para cantar", mientras la niña jugaba a su lado. El resultado de esto fue que la niña finalmente se negó a cantar en la actividad de la escuela. Hoy han pasado ya casi 7 años y su hija, a pesar de que le gusta cantar y efectivamente tiene una voz melodiosa, no se atreve a hacerlo delante de otras personas porque "ella no tiene voz para cantar". Este ejemplo nos muestra cómo el sistema de creencias de esta niña, que hoy es una joven pre-adolescente, filtró la información, registrando en su sistema la creencia limitante de "no tener voz para cantar" y obviando o desechando la información de que su voz era melodiosa.

Ahora bien, si nuestra identidad como personas está constituida en gran parte por lo que creemos de nosotros mismos, entonces ¿crees que es posible **cambiar las creencias** que tenemos sobre nosotros y sobre el mundo? Sin duda alguna la respuesta a esta pregunta es SI. Nuestro sistema de creencias crea nuestra realidad, por ejemplo, si crees que eres una persona creativa tienes razón, y lo más probable es que cuando decidas hacer actividades que requieran creatividad podrás hacerlas con éxito. Si crees que eres una persona olvidadiza también tienes razón, y seguramente vivirás en tu día a día olvidando las cosas importantes. He aquí la importancia de identificar tus creencias limitantes y cambiarlas, porque tu esencia es más que un conjunto de creencias.

Nunca es tarde para cambiar, para reconocer lo que es preciso cambiar en nosotros mismos con el único fin de sentirnos cada vez mejor con la vida que tenemos, con la vida que estamos construyendo cada día. Cada amanecer es un nuevo día que puede marcar la diferencia. En este sentido, me gustaría compartir contigo una experiencia personal. Escribir este libro nace de la oportunidad que he tenido de formarme como Coach de vida. En mi inquietud por continuar mi desarrollo profesional decidí formarme como Life coach integral, y puedo aseverar que mi vida ha sido un antes y un después de esta formación, he podido experimentar, como muchas otras veces lo he hecho, que nunca es tarde para mejorar y dar lo mejor de nosotros mismos.

Desde hace algunos años había tenido la inquietud de escribir un libro, y fueron muchas las veces que me senté a pensar sobre qué podía escribir, cómo lo haría y cómo debía comenzar, siendo víctima de mi propio diálogo interno que se encendía dentro de mí cada vez que me disponía a comenzar a escribir. Este diálogo interno, como ya lo he comentado, por lo general está dirigido por nuestras creencias, y en esos momentos se activaban mis creencias que me decían *"para escribir un libro hay que tener muchísimos años de experiencia" "cómo voy a escribir un libro si no sé ni por donde comenzar" "yo estoy muy joven para escribir un libro"*. Este diálogo interno, en cuanto se encendía, me hacía desistir de la idea, el resultado era que inmediatamente apagaba la computadora y me dispersaba a hacer otras cosas. Así pase alrededor de 4 o 5 años, hasta que comencé mi formación como Coach de vida y allí tuve la oportunidad, en primer lugar, de darme cuenta que mis creencias con respecto a escribir un libro me estaban limitando y no me habían permitido avanzar; en segundo lugar, recibí la orientación que necesitaba para comenzar a hacer realidad este sueño que hoy tienes en tus manos.

Si bien es cierto que en mi formación como Coach recibí la orientación sobre cómo escribir un libro, si yo no hubiera trabajado primero mis creencias limitantes al respecto no lo hubiese logrado a pesar de haber recibido tal orientación.

Según Robert Dilts, las creencias tienden a estar relacionadas con tres aspectos fundamentales:

La Desesperanza aprendida: Es un estado de pérdida de la motivación, de la esperanza de alcanzar los sueños, una renuncia a toda posibilidad de que las cosas salgan bien, se resuelvan o mejoren. Esta creencia se basa en el resultado. Por ejemplo, una vez en consulta me dijo un chico "¿Para qué votar en las próximas elecciones si hasta ahora siempre ha ganado el mismo porque alteran los resultados?". Cuando una persona esta desesperanzada siente o cree que no hay solución posible, que el cambio no se puede dar.

Impotencia: Sensación que impera en la persona cuando se siente incapaz de lograr algo. Una vez escuché a una mujer decir "Yo no he trabajado nunca desde que me gradué, así que no puedo buscar trabajo porque no voy a saber qué hacer, cómo voy a saber hacer algo que nunca he hecho?". En el ejemplo personal que mencioné anteriormente, mis creencias sobre escribir un libro estaban relacionadas con la impotencia que sentía por no saber cómo hacerlo.

Sentir que no mereces algo mejor: Este aspecto está íntimamente relacionado con la autoestima. Un joven me refería en consulta una vez "En la vida hay que sacrificarse mucho para tener algo, nada viene sin sacrificio". Otro ejemplo, que suele verse en consulta con frecuencia, son los casos de algunas mujeres que son víctimas de violencia por parte de su pareja y a pesar de que sufren profundamente no se sienten capaces de salir de esa relación porque no se sienten merecedoras de una persona que las valore y las respete, con quien puedan vivir una relación de pareja funcional y sin violencia.

Bien, ahora que ya sabes el poder que tienen las creencias limitantes, te invito a que tengas una conversación contigo misma, a que te regales unos minutos contigo, para que comiences a conectarte con lo que eres, con tu esencia, y comiences a identificar cuáles son esas creencias limitantes que hasta ahora no te han permitido avanzar o lograr ciertas metas. Tú eres más que tu propio sistema de creencias y todo, absolutamente todo lo que es aprendido se puede cambiar.

Por lo general, no somos conscientes de nuestras creencias limitadoras. El primer paso para identificar y reconocer una creencia limitante consiste en convertirlas en lenguaje. Es una buena manera de ponerlas en evidencia para examinarlas. Y para que comiences a identificar las tuyas te sugiero un ejercicio sencillo.

Ejercicio.

Piensa en un objetivo o meta importante para ti en este momento de tu vida, algo que te gustaría lograr.

Con este objetivo en mente pregúntate en voz alta ¿Merezco lograr este objetivo? ¿Tengo la capacidad y las habilidades necesarias para lograrlo? ¿Puedo aprender algunas habilidades necesarias si no las tengo? ¿Es posible alcanzar este objetivo?

Ante cada una de estas preguntas habrán dos posibles respuestas SI o NO. Independientemente de cuál sea la respuesta para cada pregunta de inmediato di en voz alta el por qué, es decir ¿Por qué SI? O ¿Por qué NO? Y escúchate mientras respondes esto en voz alta.

Lo más probable es que al verbalizar el por qué SI o NO de cada pregunta comiencen a asomarse algunas de tus creencias limitantes.

Si al realizar este ejercicio argumentas en tus respuestas razones que te impiden lograr el objetivo que te has planteado detente allí, y pon atención, allí es posible que haya una o varias creencias limitantes. Si, por el contrario, no identificas ningún argumento o razón que te impida alcanzar tu objetivo porque todas tus respuestas fueron un SI, entonces ¿Qué estás esperando? Ve y empieza a hacer lo que tengas que hacer para alcanzarlo, es momento de actuar.

Bienvenida a este maravilloso mundo de reflexión, en este momento tienes la oportunidad en tus manos de comenzar un cambio si te has dado cuenta que lo estás necesitando. En la quietud de tu alma están las respuestas, escúchala.

EL COACHING COMO HERRAMIENTA INNOVADORA

"La vida comienza cuando decides salir de tu zona de confort"

Hoy en día existen múltiples modalidades de apoyo psicológico y orientación, desde la psicoterapia en sus diferentes vertientes asociadas a escuelas psicológicas vigentes, como por ejemplo la Psicoterapia Gestalt, hasta modelos de soporte más tradicionales. Sin embargo, en los últimos tiempos ha surgido una modalidad que cada día toma mayor auge y demuestra su efectividad en el curso de quienes se han beneficiado de ella. Me refiero específicamente al Coaching, como herramienta para brindar apoyo a las personas dentro del marco de sus diferentes modalidades.

El coaching es una práctica que puede ser utilizada de forma personalizada y adecuándola al contexto, lo que es muy eficiente cuando se pretende generar un cambio auténtico en el individuo, en una organización, en un equipo deportivo o en cualquier área en la que se aplique.

De tal manera que existen diferentes tipos de coaching de acuerdo a la especialidad y modalidad de las sesiones, entre los que destacan el coaching personal, empresarial, ejecutivo, ontológico, deportivo, entre otros. Sin embargo, a los efectos de la investigación que sustenta este libro, interesa el coaching desde la perspectiva humanista, ya que, desde este modelo, se destacan elementos de la psicología humanista referentes a que los individuos poseen capacidades inherentes a su crecimiento, la importancia del establecimiento de una relación de colaboración entre el Coach y el Coachee (persona que recibe la ayuda), la apreciación de la persona en su totalidad y la posibilidad que tienen los individuos para elegir. Esta perspectiva, se enfoca en la búsqueda del crecimiento del Coachee, donde el Coach es el facilitador en su camino hacia la consciencia (darse cuenta), la elección consciente y la ejecución consciente. Es por ello que quiero enfocarme en el Coaching de vida en su modalidad personal, conocido como Life Coach Integral. Se trata de una filosofía para crecer como personas, que descubre lo mejor del potencial humano, lo rescata y lo pone a funcionar. Al igual que en psicoterapia, esta modalidad de coaching se encuadra en una relación de ayuda, a nivel comportamental y subjetivo, se busca facilitar un cambio en el cliente. Es el cambio desde el SER, que soluciona conflictos, miedos, rompe esquemas, modifica paradigmas y genera nuevos patrones de comportamiento. Se trata de un proceso de apoyo, marcado por las acciones.

Hacia finales de los años 80 y principios de los 90, empezó a tomar forma el Coaching en los Estados Unidos. Surgió a raíz de que alguien se diera cuenta que estaba ayudando más a sus clientes a través de preguntas abiertas en las que permitía que ellos mismos llegaran a sus propias conclusiones y soluciones, evidenciando la eficacia de un método socrático de enseñanza basado en el diálogo entre el maestro y el discípulo, llamado "Mayéutica". Fue así como en 1992 se formó la primera escuela de esta disciplina. Hoy, según cifras que maneja la Federación Internacional de Coaching, existen más de 6000 Coaches en el mundo, repartidos por 30 países. El objetivo primordial es conseguir que el cliente o coachee tome consciencia de su potencial y su capacidad para lograr cualquier objetivo o meta que desee alcanzar.

Un life coach apoya, guía y estimula a ir más allá de los límites de la mente. El coaching personal es el arte de facilitar el cambio y el desarrollo del potencial de las personas. En este proceso, el coach ayuda al cliente a esclarecer sus metas, ya sean personales, laborales, de relaciones afectivas, etc., y a ponerse en camino para alcanzarlas.

El coaching se basa en una alianza diseñada para acompañar a una persona o grupo a su nivel más alto de éxito y satisfacción El coaching consiste en explorar el presente y diseñar el futuro. Los estudios e investigaciones recientes muestran, con especial énfasis, que los cambios se inician en la mente, donde el cerebro almacena la información desde la infancia y luego la utiliza según las circunstancias individuales.

Para lograr cualquier cambio en tu vida, el primer paso es reconocer que estás necesitando el cambio. Para reconocerlo, es imprescindible comenzar por identificar ¿dónde estás?, ¿cómo te sientes con tu vida en este momento?, ¿Dónde quieres estar? Solo así, conectándote con tu sentir, teniendo una conversación íntima contigo, escuchando lo que tu alma te susurra, es posible identificar si estás donde quieres estar o si necesitas cambiar algo en tu vida.

Un life Coach trabaja con las creencias de la persona, le ayuda a identificar sus creencias limitantes. Las creencias limitantes, como ya hemos visto, son una percepción de la realidad que nos impide crecer, desarrollarnos como personas y hacer realidad los sueños y metas que nos planteamos. Es algo que realmente no es cierto pero como lo hemos incorporado en nuestro esquema mental, lo damos por cierto.

Muchas veces basta con hacer consciente una creencia limitante para que ésta desaparezca, sin embargo, a veces lo difícil es encontrar cuáles son nuestras creencias limitantes. Es aquí donde el Coaching puede ser de gran ayuda. Porque la buena noticia de todo esto es que TODO, absolutamente TODO lo que es aprendido, se puede cambiar.

Un life coach te acompaña en un proceso que es tuyo y te ayuda a alcanzar tus objetivos, te mostrará el camino en el que te encuentras, te mostrará dónde puedes cambiar y apoyará el cambio, te ayudará a reconocer tus creencias limitantes para sustituirlas por nuevas creencias potenciadoras.

El proceso de coaching no sólo se soporta en la escucha, la observación y la reflexión, sino que cuenta con variadas herramientas que facilitan tanto el trabajo del coach como la labor del análisis interno en el cliente, análisis que suele ser el generador de todo crecimiento y todo cambio.

Muchas de las herramientas del coaching están fundamentadas en la PNL (Programación Neurolingüística), atribuyendo especial importancia a la comunicación y el lenguaje corporal. A través de poderosas herramientas como preguntas abiertas, análisis del lenguaje no verbal, análisis de fortalezas y puntos de mejora, ejercicios de identificación de barreras y resistencia al cambio, ejercicios de autoconocimiento e identificación de creencias y hábitos, establecimiento de metas y objetivos específicos y medibles, el coaching ofrece una alternativa de trabajo personal de un alcance extraordinario.

La invitación es a que inviertas en ti, en trabajarte emocionalmente y direccionar tu vida hacia donde quieres llegar. La rutina es una trampa, con frecuencia vivimos la vida sumergidos en una rutina diaria y no nos damos cuenta del camino que estamos recorriendo, ni siquiera percibimos si queremos continuar por ese camino o queremos cambiar de ruta, y así van pasando los años. La vida comienza cuando decides salir de tu zona de confort, cuando decides arriesgarte y enfrentar tus miedos, es la única manera de avanzar para poder estar en el camino que realmente quieres estar.

Ejercicio.
Te sugiero un ejercicio que te ayudará a identificar lo que quieres lograr en tu vida.

Toma papel y lápiz. Cierra tus ojos y regálate unos minutos para reflexionar sobre ¿Cómo te ves dentro de 5 años? Luego escribe en el papel tu respuesta a cada una de estas preguntas.

¿Qué te ves haciendo dentro de 5 años?

¿Qué te gustaría en ese momento poder contemplar en retrospectiva?

¿Cómo te sientes con lo que ves de ti misma dentro de 5 años?

¿Qué es realmente importante para ti?

Luego revisa tus respuestas y chequea ¿Cómo te sientes con esas respuestas? ¿Te sientes cómoda con la manera cómo te proyectas? ¿Esa proyección responde realmente a lo que quieres en tu vida, a tu sentir?

Los grandes cambios surgen de los pequeños, de estas reflexiones puede surgir tu libertad, tu salida de la zona de confort, si descubres que te has mantenido en ella por largo tiempo.

¿DÓNDE ESTÁS HOY?

"El primer paso para recibir ayuda
es reconocer que la estamos necesitando"

En una encuesta realizada para la elaboración de este libro, ante la pregunta *¿Te sientes satisfecha con lo que es tu vida en este momento?* De 72 personas que respondieron la encuesta, 44 respondieron a esta pregunta "NO". Este resultado refleja que un 61% de las mujeres encuestadas no se sienten satisfechas con lo que es su vida en este momento. En congruencia con estos resultados, ante otra de las preguntas contentivas en la encuesta, que pronunciaba *¿Actualmente estás satisfecha con lo que haces cada día?* De 72 personas 48 respondieron que NO, reflejando que un 67% de las mujeres encuestadas no se sienten satisfechas con lo que hacen cada día.

Pues bien, todo proceso de crecimiento y cambios a nivel personal comienza por reconocer ¿Cómo estoy? ¿Estoy donde quiero estar? ¿Estoy con quienes quiero estar? Te invito a que en este momento, en el que estás leyendo este libro, te tomes unos minutos para pensar en esto, para responderte estas preguntas.

Hacerse protagonista del guión de la propia vida es la invitación que hago a toda persona que me refiere que no se siente feliz, plena y satisfecha con su vida. Ser la sombra de alguien es más fácil, plegarse a la vida de otro es más fácil, y así como es de fácil es también más doloroso. Es vivir la vida de alguien más, no la propia, es vivir los sueños y metas del otro, no los propios. Al final, en el ocaso de la vida, haber vivido desde el otro habrá significado renunciar a tus propios sueños.

Aunque muchas veces queremos auto convencernos de que estamos bien con la vida que tenemos, cuando en nuestro interior no lo sentimos así realmente, tarde o temprano esa insatisfacción emerge como un volcán en erupción, indetenible. Es por eso que muchas veces nos sorprendemos cuando alguien que conocemos, a quien le hemos percibido una vida en general estable y satisfactoria porque esa es la imagen que ha mostrado al relacionarse, de pronto hace un cambio radical en su vida. Así, vemos casos de personas que de un momento a otro, por ejemplo, se divorcian y comienzan a irse de fiesta desmedidamente todas las noches, personas que renuncian al trabajo que siempre han tenido sin tener un fondo de dinero que le provea la transición mientras encuentran otro empleo, personas que abandonan la carrera o los estudios en el último año para certificarse, en fin, sucede que en el camino en ocasiones nos sorprende encontrar personas que le dan un giro drástico a su vida sin haberlo planificado, cuando no es que nos ocurre a nosotros mismos. Estas personas están siendo víctimas de su peor enemigo, el desconocimiento de sí mismas.

Ser protagonista del guión de tu propia vida significa reconocer el propósito de tu vida, aquello que le dará sentido, reconocer hacia donde quieres ir, cuál es el camino que quieres transitar en tu vida según lo que quieres lograr, agradecer lo que tienes y lo que has logrado, encontrar compañeros de ruta, ser capaz de amar comprometidamente y dejar atrás aquello que ya no está y, lo más importante, aprender a no dudar del resultado final.

Lyvia Morales, en su libro Soy más de lo que pensaba, habla de la Fe, definiéndola como "el profundo conocimiento interno de que el bien que deseas ya lo posees"[6]. Esta es una definición que más que leerla y entenderla es necesario aplicarla a la vida misma.

Es importante confiar en nosotras mismas y en nuestras capacidades, y tomar consciencia de dónde colocamos nuestra fe, cómo la vivimos. Si hay algo que quieres, que deseas, que necesitas, que te gustaría, que de verdad es importante para ti, y si ese algo no es un imposible que te has inventado, aprende a confiar en tu capacidad y en tus recursos, apuesta a ti misma, cree, y con certeza te digo que el final de esta historia, cuyo guion tú estás escribiendo, será extraordinario.

Es preciso destacar que no se trata de ir en busca de la vida perfecta, todos tenemos altos y bajos, la vida nos ofrece la posibilidad de experimentar, de percibir y vivenciar la realidad. La realidad es una, lo que cambia es la manera cómo la percibimos y la interpretamos. Dentro de esa realidad hay momentos que resultan satisfactorios, positivos, que nos generan bienestar y crecimiento; y también hay momentos de sufrimiento, dolor, desesperanza. Esta es la vida, un vaivén de experiencias que siempre dejan aprendizajes. Así que no se trata de tener una vida perfecta, sino de un profundo y constante reconocimiento de cómo te sientes con la vida que tienes, con el camino que has construido hasta ahora, con lo que tienes y lo que aún te falta, con las relaciones que hasta el momento has cultivado y que hoy mantienes en tu vida. Y si en ese constante reconocimiento de cómo te sientes con la vida que tienes te das cuenta de que no te sientes satisfecha ¿Qué estas dispuesta a hacer para cambiarlo?

Te estarás preguntando ¿Cómo puedo darme cuenta si estoy satisfecha con mi vida? Pues bien, hay una técnica que no falla. Comienza a tomar consciencia de tus pensamientos. Por ejemplo ¿qué piensas al levantarte cada día? ¿Cuál es el primer pensamiento que viene a tu mente cuando despiertas en la mañana? ¿Qué piensas cuando vas en camino a tu trabajo o te dispones a hacer las actividades u ocupaciones que realizas en tu día a día?

Para todos los psicólogos hay una razón de desvelo, la mente, principal objeto de estudio de la psicología. Lo primero que debes saber es que la mente humana tiene dos fases. Una es la mente consciente, la analítica, es la parte de tu mente que razona, que recopila todos los datos y los procesa para llegar a una conclusión respecto a lo que es verdad. La otra fase es la mente subconsciente, la creativa, el lugar donde se almacenan los pensamientos y creencias. La mente subconsciente actúa en base a la información que recibe de la mente consciente, no cuestiona nada ni razona, procesa por igual todo lo que el consciente le envía.

Esta comprobado que el 10% está compuesto por la mente consciente y el 90% por la mente subconsciente, esto nos pone en evidencia que la mente subconsciente domina a la mente consciente.

Nuestros pensamientos son los mandatos que cada día le damos a nuestra mente subconsciente y ésta a su vez controla nuestras decisiones y actos. Es así como nosotras mismas programamos nuestra mente subconsciente, con aquello que aceptamos, que hemos aprendido, las creencias que cargamos a cuestas, nuestra historia y nuestras experiencias. Nuestra mente subconsciente tiende a conservar la vida, a hacer de nosotras lo que deseamos ser, pues somos nosotras quienes creamos esa mente subconsciente, y ella a su vez es la creadora de nuestra propia realidad. Cuando somos capaces de entender esto sin duda estamos comenzando el camino hacia una profunda introspección.

Ahora bien, si la mente subconsciente es la que manda, la que recibe las órdenes que le damos a través de nuestros pensamientos y crea nuestra realidad, como seres humanos tenemos situaciones de vida o circunstancias en las que podemos sentir miedo o rechazo hacia algo en particular, y es en esos momentos en los que nuestra mente subconsciente puede ser nuestro enemigo más temido. ¿Por qué? Porque así como puede determinar nuestra realidad para bien si nuestros pensamientos son positivos, también puede hacerlo para mal, trayendo a nuestra vida precisamente aquello que no queremos tener. Por tanto, es importantísimo estar constantemente pendientes de dónde están nuestros pensamientos y qué están determinando en nuestra vida. Cualquier cosa que nuestra mente consciente asuma y crea, nuestra mente subconsciente aceptará y hará de ella una realidad.

Existe una sincronicidad entre la mente consciente y la mente subconsciente. En esos momentos en que nos invaden pensamientos negativos por la causa que sea, stress, miedo, frustración, se rompe esa sincronía tan necesaria para crear la realidad que queremos tener en nuestra vida. Esto aplica a la salud, la riqueza espiritual y material, y todo lo que podamos considerar importante en nuestra realidad personal.

"Tus pensamientos son un reflejo de tu mundo, de tu realidad".

Atiende tus emociones

Reconocer nuestros pensamientos implica atender a lo que estamos sintiendo. Las emociones y los estados emocionales son un indicador de lo que pensamos. Las emociones son energía que producen en nosotros una sensación, energía que va fluctuando constantemente según el momento y las situaciones que vamos experimentando, ellas son el termómetro de nuestros pensamientos.

Los pensamientos hacen que la energía emocional se ajuste al contenido de ellos, es por eso que lo que piensas inmediatamente tiene un efecto sobre tus emociones, haciendo que éstas sean congruentes con el pensamiento que la origina. Veamos el siguiente ejemplo:

Imagina que al final del día decides ir a hacer unas compras, ya se acerca la Navidad y deseas comprar algunos regalos. Vas con toda la disposición de hacerlo y emocionada porque te has tomado este momento para disfrutar las compras de esa época del año que tanto te gusta. Llegas al lugar y compras un lindo detalle para tu pareja, otro para tus hijos, te compras algo para ti, de pronto ves en una vitrina algo que inmediatamente te hace recordar a un familiar muy querido que se encuentra lejos de ti, puede ser tu madre, una hermana, un hermano, tu padre, lo cierto es que al ver en la vitrina eso que te hace recordar de inmediato a esa persona tan querida, te conectas con su ausencia, comienzas a pensar en los gratos momentos que has vivido junto a esa persona, comienzas a recordarla y a pensar cuánto le gustaría tener eso que has visto en la vitrina, piensas en aquella vez que salieron juntos a comprar regalos de navidad cuando aun vivían en la misma ciudad, recuerdas aquella navidad que pasaron juntos. De repente te ves en el reflejo de la vitrina y te descubres con una grata sonrisa de nostalgia que a su vez te hace sentir ese nudo en la garganta por saber que esa persona está muy lejos. El deseo de verla te invade en ese momento, deseo que coartas de inmediato porque la realidad es que está en otro país, lejos de ti. ¿Cómo crees que te sentirías en ese momento después de pensar en todo lo que acabo de describir? Lo más probable es que la nostalgia y el anhelo de ver a esa persona disparen la tristeza en ese momento, la añoranza, opacando la alegría que habías venido sintiendo mientras hacías tus compras. Eso significa que tu energía emocional respondió a tus pensamientos, se hizo congruente con tus pensamientos. Pues bien, es así como nuestras emociones son un indicador de lo que pensamos, por eso es tan importante atender la sensación, pues ésta viene ligada al pensamiento.

Daniel Goleman[7], en su libro *Inteligencia Emocional*, destaca la importancia de la inteligencia emocional, definiéndola como la capacidad de reconocer los sentimientos propios y los sentimientos de los demás, y la habilidad para manejar estos sentimientos. En un lenguaje sencillo la inteligencia emocional es entender las emociones y reconocer si son propias o pertenecen a otra persona.

En la actualidad, la inteligencia emocional es uno de los focos de trabajo en el coaching. Con gran efectividad, se ha demostrado que desarrollar y promover la inteligencia emocional, como herramienta del coaching, permite que la persona se haga consciente y responsable de lo que siente y, por ende, de lo que quiere lograr.

Me permito compartir una experiencia personal que me ocurrió hace poco tiempo. Mi día había comenzado maravillosamente, todo fluía bien desde que esa mañana abrí mis ojos, además era un hermoso día soleado. Recuerdo haber tomado mi desayuno sintiéndome contenta en compañía de mis hijas, haber ido en camino a dejarlas al colegio cantando con ellas una canción que les gusta a la que le cambiábamos la letra y eso nos divertía. Del colegio me dirigí al gimnasio a hacer un poco de ejercicios y luego me disponía a comenzar a trabajar. Antes de comenzar mi jornada de trabajo recibí noticias de un niño que estaba necesitando un trasplante de órgano y por el que yo había colaborado días antes haciendo donaciones. Recibí la maravillosa noticia de que ese día el niño sería trasplantado, pues el donante había aparecido. Por un momento me alegré muchísimo de saber que la espera para salvarle la vida a ese angelito había terminado y comencé a rezar por él y sus padres que tenían toda su fe puesta en ese trasplante.

Ese día, terminé de trabajar y constantemente venían a mí pensamientos sobre el niño y sus familiares, no paraba además de orar para que todo resultara bien, cada vez que pensaba en el niño hacía una oración en mi mente para él. Posteriormente, en la tarde, me doy cuenta que me sentía desanimada, agobiada, triste, y yo misma me sorprendo de cómo había cambiado mi ánimo durante el día sin un motivo aparente. En mi proceso comienzo a preguntarme "¿por qué me siento así"? "¿si todo mi día ha fluido tan bien?" "¿Qué es lo que me está haciendo sentir así? Comencé a revisar y conectarme con mis pensamientos durante el día y me di cuenta que, en medio de mi alegría por el niño trasplantado, mis pensamientos se habían desviado. Sin darme cuenta había estado pensando en esas madres, en lo que estaban viviendo, una con su hijo en quirófano dependiendo de un trasplante, y la otra sufriendo la pérdida de su hijo, el niño que resultó ser el donante. Había estado pensando en el dolor de esas madres, me había conectado profundamente con ellas y su dolor desde mi condición de madre, sin darme cuenta había puesto toda mi atención en eso y mis pensamientos estaban enfocados ahí. Cuando tomé consciencia de esto, inmediatamente supe la razón por la cual me sentía triste y desanimada, porque mis pensamientos estaban enfocados en la pérdida, el dolor, el sufrimiento que estas madres estaban experimentando.

Con este ejemplo pretendo evidenciar una vez más que nuestro estado emocional es un indicador infalible de nuestros pensamientos, si pones atención a lo que estas sintiendo en un momento determinado podrás reconocer tus pensamientos, y si reconoces tus pensamientos podrás darte cuenta de que tu realidad responde en primera instancia a tus pensamientos.

No hay duda entonces de que en nuestros pensamientos está la clave para crear la vida que tenemos, o que queremos tener. A través de ellos programamos nuestro sistema mental. ¿Te das cuenta entonces que depende de ti? Tomar consciencia de nuestros pensamientos es reconocer lo que estamos enviando a nuestra mente subconsciente, cómo y para qué nos estamos programando, y reconocer esto, a su vez, significa darnos cuenta de que podemos cambiar esa programación, podemos decidir qué registramos en ese subconsciente, y por ende tenemos el poder de dirigir nuestra vida y lo que hagamos de ella.

Aquello en lo que nuestra mente se enfoca es aquello que atraemos a nuestra vida. Por eso es tan importante estar atentos a nuestro estado emocional, si nos sentimos bien, satisfechos, contentos, atraeremos más situaciones, cosas y personas que nos hagan sentir así. Esto tiene que ver con la sintonía. La capacidad para manejar las propias emociones (autoconocimiento) y la capacidad para reconocerlas (autoconsciencia) son el reflejo de la sintonía que existe entre nuestros pensamientos y nuestros sentimientos. Si aprendes a equilibrar tus pensamientos con tus sentimientos, si logras un óptimo conocimiento de ti misma tomando consciencia de tus propias emociones y por ende haciéndote responsable de ellas, estarás creando esa vida maravillosa que te mereces. Somos nosotros mismos quienes creamos nuestra vida, nuestras abundancias y nuestras carencias.

¿Quieres saber cómo estás en este momento de tu vida? Mira a las personas que te rodean, tú estás en sintonía con ellas. Todos proyectamos nuestra personalidad a través de la imagen exterior, de lo que mostramos a los demás, y esto a su vez se traduce en lo que sentimos, pensamos y experimentamos en nuestro interior. No importa si somos conscientes o no de esto, simplemente aquello que emanamos cuando nos relacionamos con otros es aquello que somos y con lo que estamos sintonizados.

Si vives constantemente quejándote de tus carencias, enfocándote en lo que te falta, siendo víctima de tu vida, muy probablemente estas rodeada de personas negativas, quejosas, y víctimas de sus infortunios. Si, por el contrario, te mantienes enfocada en lo que tienes, en la satisfacción por lo que has logrado, en lo que quieres lograr, en las bendiciones que tienes en tu vida y agradeces constantemente por ellas, lo más probable es que las personas que hoy te rodean sean personas positivas, enérgicas, agradecidas y satisfechas. Por tanto, bien vale pensar que las personas que eliges para relacionarte en la vida pueden determinar tu éxito o tu fracaso.

La persona que has sido hasta hoy te ha dado ciertos resultados, ¿estas conforme con ellos?

Te invito a que pienses y reflexiones sobre esto......

MUJER Y COMPAÑERA DE VIDA

"Estar contigo es hacer un camino juntos,
sin renunciar a mi propio camino"

En la encuesta realizada, una de las preguntas apuntaba a las relaciones de pareja, encontrando que ante la pregunta *"¿Te sientes plena con tu relación de pareja actual?"* de 72 mujeres, 43 respondieron que NO, resultado que muestra que el 60% de las mujeres encuestadas no se sienten satisfechas con su relación de pareja actual.

Las relaciones de pareja suelen ser uno de los motivos más frecuentes de consulta.

Ya hemos visto cómo cada persona llega a la edad adulta cargando con toda una historia de vida llena de experiencias y aprendizajes. Imagina una mochila que constantemente llevas en tu espalda, en ella están todas tus experiencias pasadas y cada día ingresan nuevas experiencias. El peso de esta mochila dependerá de la frecuencia con que tú la revises. Esto es parte de lo que se hace en un proceso de coaching, y en una terapia psicológica, revisar qué hay en esa mochila y determinar qué queremos dejar y qué necesitamos sacar de ella para que su peso no nos impida avanzar. Es común encontrar en la mochila creencias limitantes y potenciadoras, patrones de conducta aprendidos, experiencias que han generado crecimiento y madurez, experiencias que han dejado huellas negativas, en fin, en esa mochila todos llevamos el cúmulo de lo que hemos vivido hasta el momento.

Ahora piensa por un instante que cuando dos personas se encuentran y deciden hacer una vida juntos cada uno lleva su mochila a cuestas, y desde allí deciden emprender un camino, un proyecto de vida en común como pareja.

Lo primero que una relación de pareja requiere para ser sana y funcional es que ambos aprendan a diferenciar sus mochilas, a reconocerse entre sí. Esto nos ayudará a no cargar con cosas que no nos corresponden, que no nos pertenecen, que pertenecen a la mochila del otro. Y además de diferenciarlas, es necesario aprender a aceptar lo que el otro tiene en su mochila, porque no todo el mundo está dispuesto a revisar su mochila y limpiarla con frecuencia. Entonces ¿te das cuenta de la complejidad de las relaciones de pareja? Cada uno cargando su propia mochila, teniendo que aceptar la del otro, y andando un camino juntos.

Conocerte a ti misma, revisar tu mochila, mirarte, reconocerte desde lo que eres y lo que quieres es el primer paso para que tus relaciones sean sanas y potenciadoras. Reconocer a la persona que eliges como pareja desde lo que es en su esencia es el camino a una relación proyectada al disfrute, la compañía y la realización.

Es por eso que resalto la importancia de ver y reconocer muy bien a quién elegimos como pareja para hacer una vida en común. Muchas personas orientan su criterio de selección, en cuanto a pareja se refiere, en la conveniencia, en la capacidad económica, en el status social, en los beneficios que a futuro esa persona puede ofrecer, en la intención de olvidar parejas del pasado, en la desesperanza de encontrar a alguien mejor, en el miedo a quedarse solos. Con el tiempo, el resultado de una relación que se ha construido bajo estos criterios es la incesante necesidad de cambiar al otro y querer que sea como necesitamos que sea, o como lo habíamos imaginado.

Por lo general, en toda relación de pareja lo que nos atrae al principio es la diferencia. Me completo con mi pareja porque justamente ella puede hacer cosas que yo no puedo hacer, porque me ofrece lo que yo no tengo o porque puede cubrir mis carencias afectivas/emocionales. Por ejemplo, para una mujer que creció con la ausencia de su figura paterna un hombre que luzca responsable, protector y proveedor puede resultarle muy atractivo. Esta atracción se genera porque sentimos que de alguna manera la persona completa lo que nosotros no tenemos. Pero esto es lo que "imaginamos", por ende, no necesariamente es lo que ocurre. Establecemos nuestras relaciones, en primera instancia, con una idea de lo que va a ocurrir y, cuando no ocurre lo que hemos imaginado, comenzamos a esperar que el otro cambie, para que la relación sea congruente con aquello que imaginamos que iba a ser. Aquí comienza la fractura.

Pensar que una relación de pareja nos salvará, que resolverá todos nuestros problemas y nos proporcionará un continuo estado de dicha o seguridad, sólo nos mantiene atascados en fantasías e ilusiones y debilita el auténtico poder del amor, que es el poder de transformarnos.

¿Qué pasa entonces cuando nos damos cuenta que la relación de pareja que tenemos no ha resultado ser la que esperábamos, la que habíamos imaginado? Ante esta situación podemos decidir aceptar la relación como es y aprender a fluir desde y hacia la aceptación del otro y de nosotros mismos, o podemos decidir terminar la relación y permitir que cada quien continúe su camino, o podemos optar por atarnos a la relación sin aceptar al otro, sabiendo que no es la persona con la que queremos estar ni es la relación que queremos tener pero dispuestos a permanecer en la zona de confort esperando que sea el otro el que cambie, dándole la bienvenida a la insatisfacción y al sufrimiento. Sufrir porque la relación que tenemos no es como la habíamos imaginado no sólo es inútil, sino que emocionalmente es desgastante, al punto de no dejarnos avanzar.

El amor se construye entre dos, sobre la base de una química que nos hace sentir diferentes, quizás por la sensación mágica de ser totalmente aceptados por alguien. Amar a alguien significa que nos importa su bienestar, el amor como bienestar que invade cuerpo y alma y que se afianza cuando puedo ver al otro sin querer cambiarlo. Más importante que la manera de ser del otro, es el bienestar que sentimos a su lado y, a su vez, el bienestar que el otro siente a nuestro lado. Se trata de experimentar el placer de estar con alguien que se ocupa de que estemos bien, que percibe lo que necesitamos y disfruta al darlo, eso hace el amor.

De manera que, para que una relación de pareja sea funcional y sana es indispensable que la aceptación sea la base que la sustenta, y que ninguno sea el salvador del otro. Significa aceptar al otro desde lo que es, con su propio proyecto de vida, con su mochila, con sus metas y sueños personales. Una relación de pareja sana es aquella que se caracteriza por ser incondicional, esas dos personas que se unen y para quienes la razón por la cual desean emprender un camino juntos no está condicionada por nada.

Es frecuente ver en consulta parejas que a veces ni siquiera saben por qué están juntos ni qué los mantiene unidos. Cuando tengo a una pareja en conflicto sentada frente a mí en la consulta, una de las primeras preguntas que hago a cada uno es ¿Qué es lo que te gusta de ella/él? Y créeme cuando te digo que esta pregunta los desarma, por lo general quedan impactados ante la pregunta, no saben qué responder. Sabes por qué? Porque se vuelven expertos en reconocer lo que NO les gusta, en enfocarse en aquello que el otro hace mal, aquello que no es como esperaban que fuera, se enfocan en lo que no quieren. Entonces están tan acostumbrados a contactar con lo negativo del otro, con lo que le falta, que cuando se les pregunta por lo positivo no saben qué responder.

Ahora bien, como mujer, la historia nos muestra un largo camino recorrido en lo que a pareja respecta. Hoy en día vivimos en una sociedad con igualdad de derechos para hombres y mujeres, en la que la mujer cada vez asume un rol más activo, llegando a ocupar incluso posiciones que antes sólo ocupaban los hombres. Hoy en día, la participación de las mujeres en las universidades es altísima, superando, en algunos países, los índices de participación en comparación con los hombres. Esto nos muestra el profundo despertar de la mujer con respecto a su realización personal, y un cambio significativo en el hombre de hoy en cuanto a la aceptación de la mujer como ente activo de la sociedad en todos los sentidos.

Si esta es la realidad hoy ¿Qué hace que hoy en día un alto porcentaje de mujeres se mantengan en una relación de pareja que no las satisface?

Si en tu vida has decidido vivir en pareja, tener una relación de pareja sana y funcional es parte de la realización personal. Comienza por mirarte a ti misma. Reconocerte como eres, con tu luz y tu sombra, con tu condición de ser humano que te hace vulnerable e imperfecta, y desde allí busca reconocer al otro. Si no resuelves tus propios conflictos, temores y carencias sostener una relación de pareja funcional se hará muy cuesta arriba.

Jorge Bucay, en su libro *Amarse con los ojos abiertos* nos dice "Mucha gente vive arrancada de sí misma, conectada sólo con lo que piensa y sin idea de lo que realmente siente. Así es muy difícil entregarse al amor. Para amar es imprescindible atreverse a mirar hacia dentro"[8].

Mirarte a ti misma significa arriesgarte a conocer quién eres realmente, y allí puedes encontrar muchas cosas positivas que te harán sentir plena pero también muchas negativas que te avergonzarán. Un verdadero proceso de introspección implica enfrentarte a tu propia sombra y decidir qué quieres hacer con ella.

Si realmente te conectas con tu esencia, con tu alma, llevas un camino andado que te ayudará incluso a conectarte sanamente con las demás personas. Como seres humanos somos seres sociales, y en el quehacer de las relaciones interpersonales muchas veces tenemos miedo de que los demás puedan ver nuestra verdadera identidad, nuestra esencia, por temor a no ser aceptados. Tenemos miedo de que se den cuenta que no somos como nos mostramos y, por lo tanto, no somos merecedores de amor. Y resulta que es en nuestra esencia donde albergamos lo maravilloso que tenemos, lo genuino, lo que somos, sin máscaras ni matices. Cuando se trata de relaciones de pareja, si algunas experiencias te han dejado cicatrices en el alma, entonces que te conozcan con tus cicatrices, permite que quien decida hacer una vida en pareja contigo conozca tu verdadera esencia, solo así podrán ser dos almas que se encuentran para acompañarse, sin condiciones, aceptándose como son.

No se trata de lograr una relación de pareja perfecta en la que no existan las diferencias, ellas siempre van a existir, desde el mismo momento en que se unen dos personas diferentes, con historias diferentes, ya existe la posibilidad de disentir, de estar en desacuerdo. Las dificultades son parte del camino, no podemos concebir una relación íntima sin conflictos, cada uno percibe e interpreta la vida según su historia, su programa mental, su sistema de creencias. Si ambos podemos respetar la percepción del otro y aceptar que no estamos en la vida del otro para cubrir sus expectativas sino para acompañarnos en el camino, desde luego toda diferencia será una oportunidad de aprendizaje.

Si para estar con otra persona tienes que renunciar a ti misma con toda certeza te digo que no va a funcionar. Puede que la relación se mantenga en el tiempo, pero si tu relación de pareja exige de ti la renuncia a tus sueños, a tus metas personales, a tu proyecto de vida personal, será una relación amenazante para ti, que coartará tu realización como mujer. Recuerdo a una chica que una vez llegó a mi consulta muy afectada, tenía dos años de casada y sentía que amaba profundamente a su esposo, pero se encontraba en un momento de vida en el que se sentía presionada a decidir entre su relación de pareja y su desarrollo profesional. Había renunciado a su trabajo para casarse porque a su pareja, que pertenecía a una cultura diferente a la de ella por su país de origen, le gustaba que ella estuviera en casa y se acostumbrara a esa vida para que, cuando los hijos llegaran, se dedicara por completo a atenderlos y criarlos. Ella en un primer momento aceptó pensando que podía acostumbrarse y complacer a su esposo a pesar de que siempre había disfrutado de ser una mujer trabajadora e independiente económicamente. A pesar de su intento, cada día sentía que esa vida no era la que quería, y decidió comenzar a buscar trabajo para retomar su desarrollo profesional, situación con la que su pareja no estuvo de acuerdo y ello generó un fuerte conflicto entre ellos. El esposo traía en su mochila una serie de creencias que estaban limitando su relación de pareja, para él era inaceptable que su mujer trabajara en la calle y estuviera expuesta a relacionarse con otros hombres, era inaceptable que quien sería la madre de sus hijos en un futuro no se dedicara a tiempo completo a la crianza de ellos, era inaceptable que si él proveía una posición económica favorable ella quisiera tener independencia en este sentido. Fue un largo proceso en el que este chico tuvo que trabajar sus creencias limitantes en cuanto a la mujer, y ella necesitó afianzar sus creencias potenciadoras para no dejarse arrastrar por las exigencias de él, pues era una chica llena de sueños y metas a nivel profesional. Al final ambos tuvieron una maravillosa disposición para mantenerse unidos y vivieron su proceso terapéutico apoyándose en el vínculo afectivo real que los unía. Revisaron sus mochilas, limpiaron lo que les impedía avanzar en su relación y lograron encontrar el equilibrio y la aceptación que estaban necesitando para poder continuar juntos, en una relación potenciadora para ambos, sin que ninguno frenara la realización del otro.

Probablemente para esta chica hubiera sido más fácil renunciar a sus sueños y metas, plegarse a la vida de su pareja, convertirse en la sombra de él, vivir su vida a través de la de él, de las metas y la realización de él. En el momento hubiese sido más fácil evitar la confrontación y el conflicto en su relación de pareja, pero con el tiempo hubiese sido más doloroso para ella. Afortunadamente ella supo conectarse con su esencia, mirarse a sí misma, reconocerse y saber a donde quería ir y lo que quería para su vida. En su caso, su desarrollo profesional era parte importante para su realización personal, sin embargo, otros casos muestran a la mujer cuya realización incluye dedicarse por completo a su rol de madre y compañera de vida del otro, es válido, cada quien decide lo que quiere para su vida, lo importante es que lo que tú decidas hacer de tu vida esté en congruencia con tu verdadero sentir, con lo que realmente quieres para ti, que elijas el camino que tú realmente quieres para ti, que vivas tu vida a través de tus propios sueños y metas, no a través de la realización de otro.

Una relación de pareja sana es aquella que se gesta con una persona en quien en un momento determinado creímos y ante cuya presencia hemos sido capaces de trascender. Nada es más extraordinario que sentir la propia transformación y autorrealización al lado de la persona amada.

Escucha lo que tu sentir te dice, si tu relación de pareja actual no te satisface comienza por ti, por revisar tu mochila, e invita a tu pareja a hacerlo. Sólo cuando estamos dispuestos a soltar logramos sostener un vínculo renovable eternamente.

En todos los tiempos han existido mujeres que internalizan su esencia y trascienden, que eligen el camino hacia su propia realización personal, que no han aceptado vivir a la sombra del otro. Simone de Beauvoir (1908-1986) una pensadora y novelista francesa, representante del movimiento existencialista y figura importante en la reivindicación de los derechos de la mujer, en sus tiempos compartía pensamientos en los que enaltecía la esencia del género femenino. Entre sus reflexiones afirmaba que el día que la mujer pueda amar con su fuerza y no con su debilidad, para encontrarse a sí misma y afirmarse en vez de huir y renunciar a sus anhelos, entonces el amor será una fuente de vida para ella y dejará de ser un mortal peligro.

MUJER Y MADRE

"El día que tus ojitos me miraron por primera vez supe que me enfrentaba a mi mayor reto"

Comenzamos una lectura interesante. La mujer y su rol de madre. Quiero comenzar por invitarte a que pienses por un momento en la madre que tuviste, o que tienes. ¿Qué es lo primero que viene a tu mente cuando te pido que pienses en eso?

Son infinitas las respuestas que podría obtener ante esta pregunta porque dependerá de cómo percibimos e interpretamos a la madre que tuvimos o que tenemos. Lo que estoy segura es que muy probablemente la mayoría de esas respuestas estarán guiadas por el mapa mental que todos tenemos de lo que "debe ser" una madre, lo que nos lleva a enaltecer la figura materna que tuvimos o, por el contrario, a juzgarla inclementemente.

Tenemos un mapa de cómo debería ser "la madre", ese ser puro, abnegado, sacrosanto, arquetípicamente perfecto. Un mapa en el que ser madre implica no ser nada más. Pareciera que bajo esta concepción la madre se desdibuja, no es una persona que tiene una vida propia, que se equivoca, que no siempre tiene las respuestas, que muchas veces no sabe qué hacer, que siente miedo, que tiene necesidades propias, que no tiene la llave de la vida.

Cuando podemos reconocer y aceptar que ser madre no es ser un arquetipo sino ser una *persona*, ni más ni menos, podemos comprender, en primera instancia, a la madre que tuvimos o que tenemos. Podemos mirar sus ojos y comprender que detrás de ellos hay una vida, una historia, y que a una porción de esa vida le tocó cumplir, entre muchas otras facetas, la tarea de ser nuestra madre. Ella no nació solamente para ser madre, no es que por ser madre no tuvo necesidades propias, aspiraciones, anhelos, miedos que nunca dijo, presiones, limitaciones que tuvo que superar, desconocimiento de la vida cuando tenía nuestra edad que hoy nosotras mismas tenemos.

Para aceptar tu rol de madre es necesario que comiences por aceptar y comprender a la madre que tuviste, incluso si creciste con su ausencia, la mujer que te trajo al mundo tiene o tuvo una historia, una mochila que tal vez nunca revisó y limpió, una vida, como hoy la tienes tú.

Reconocerte como madre exige que te reconozcas como persona, que te otorgues el derecho a equivocarte, que te permitas verte como eres, que abandones a la niña que reclama aún a la madre que le dió los cuidados o descuidos que recibió. Ni la vida, ni la pareja, ni los amigos, ni los hijos pueden darnos lo que no recibimos en la infancia. Tu tiempo es HOY, como mujer y como madre, si ya lo eres. Comienza entonces por soltar lo que ya no está, para poder comenzar aquí y ahora.

Soltar incluye abandonar el arquetipo. Esa idea de ser la madre abnegada, sacrificada, sabia, que todo lo sabe y todo lo puede, que no merece tener su espacio, que no tiene necesidades propias, que debe renunciar a todo lo demás porque es madre. Tu rol de madre es sólo una porción de tu vida, una oportunidad más de vivir tu condición de mujer desde la creación, desde la capacidad de dar vida.

Si eres madre estoy segura que ya sabes lo que significa amar, en todo el sentido de la palabra, ya conoces lo que es vivir con intensidad, ya sabes lo que es sentir con intensidad cada lágrima de dolor y de alegría. Si aún no eres madre, ojalá la vida te permita serlo, nada puedo definir más extraordinario en la vida que esta experiencia de ser mamá.

Ser madre es una bendición y como tal nos merecemos vivirla. Dependerá de tu concepción, de cómo te planteas a ti misma tu rol de madre, si desde la concepción arquetipal o desde lo que eres, una mujer que siente, que sueña, que vive, que necesita, que merece, que se equivoca, que tiene derechos, que ama.

Te preguntarás por qué hago tanto énfasis en tu propia concepción de ser mamá. En la encuesta realizada para la elaboración de este libro, ante la pregunta **Si eres madre ¿estás satisfecha con lo que hoy le das a tus hijos como mamá?** Los resultados arrojaron que de 72 personas, 30 respondieron que NO, lo que se traduce en que el 43% de las mujeres que respondieron la encuesta no se sienten satisfechas con su rol de madre. Las razones pueden ser muchas, lo importante es tomar consciencia de que el origen de esas razones está en el mapa que cada una de nosotras tiene y que contempla la madre que "debemos ser".

Si ser madre para ti ha significado o significa renunciar a otros roles en tu vida, colocarte a un lado, posponer tus necesidades, olvidarte de lo que alguna vez soñaste ser o alcanzar, ir en busca de lo que no quieres, es momento de detener el paso y revisar tu sistema de creencias, revisar tu mochila, y darte la oportunidad de vivir esta experiencia de una manera más favorable para ti.

Como mujer y madre, reconozco que hay una cuota de sacrificio, que son muchas las ocasiones en las que tienes que posponer tu necesidad para satisfacer primero la de tu hijo/a. Al fin y al cabo, la vida te da la oportunidad de velar por la vida de alguien más, la de tu hijo/a, y como tal hay que asumirlo. Pero no olvides que ser mamá es un rol más de los que tú puedes y estas en capacidad de ejercer. Ser mamá no significa renunciar a las demás porciones de tu vida, ser mamá es una parte de tu realización personal, no lo es todo. Entonces, ¿Por qué polarizarte en este rol?

Los extremos no suelen ser sanos. Una mujer que descuida su maternidad por atender sus necesidades en otras áreas de su vida está en un extremo, y aquella que renuncia a otros roles en su vida por ser mamá también lo está. Se trata de buscar el equilibrio, de encontrar ese camino que te lleve a la realización personal combinando todos los roles que hoy ejerces como mujer. Un camino que puede tener aciertos y desaciertos, caídas y levantadas, pero que al final te lleve a sentir que lo estás haciendo desde lo mejor de ti, desde lo mejor que puedes hacerlo, y por ende, te haga sentir plena y satisfecha, sin frustraciones ni culpas.

Hago énfasis en tu propia concepción de ser madre también porque la manera como asumes tu rol de mamá tiene un impacto directo sobre tus hijos. Si eres de esas madres que se exige más de lo que puede dar, que constantemente esta conectándose con lo que no hace bien y por ende muy pocas veces está satisfecha con lo que hace, si constantemente te recriminas por no ser la madre que "debes ser", esto será lo que transmites a tus hijos y es muy probable que los trates a ellos de la misma manera en que te tratas a ti. Si por el contrario, te reconoces como una madre que intenta hacer lo mejor que puede, te perdonas cuando descubres que te has equivocado, te exiges lo que sabes que puedes dar, te reconoces los aciertos, esto también será lo que transmitas a tus hijos. Lo que hoy eres es lo que estas modelando a tus hijos.

Como madres, queremos lo mejor para nuestros hijos. Si pudiéramos evitarle a ellos el sufrimiento lo haríamos sin pensarlo dos veces. Pero resulta que la realidad nos muestra que no es posible evitarles los avatares de la vida, no podemos vivir la vida por ellos, ellos necesitan tener sus propias experiencias y vivir su vida desde lo que decidan hacer de ella. Lo que sí podemos como madres es estar allí, con ellos y para ellos, acompañarlos en su vida como una guía, ser el sostén y el soporte que ellos necesitan, escucharlos, mirarlos, abrazarlos, contenerlos, respetarlos, reconocerlos como seres humanos, valorar lo que son, dejarlos ser. Para ello se hace urgente comenzar por reconocer ¿qué estamos haciendo como madres? ¿Cuál es el modelaje que estamos dando? ¿Cuánto aprobamos realmente lo que ellos son? o ¿Cuánto nos empeñamos en que sean lo que nosotras queremos que sean? Tu historia y tus carencias son tuyas, no son las de tus hijos.

Miguel Ruiz[9] en su libro *Los cuatro acuerdos* resalta el poder que tiene la palabra. Con las palabras podemos salvar a alguien, hacerle sentir bien, transmitirle nuestro apoyo y nuestra aceptación, pero también podemos disminuir su autoestima, sus esperanzas, condenarle al fracaso. Incluso con nosotras mismas, a través de las palabras que verbalizamos o las que pensamos estamos creando nuestro día a día.

Saber y reconocer el poder que tiene nuestro lenguaje, la palabra, reconocer además que somos los primeros modelos en la vida de nuestros hijos y que a través de nuestro lenguaje verbal y corporal estamos registrando constantemente información en el sistema mental de ellos nos lleva a una importantísima reflexión....

Como mamá, ¿Qué lenguaje utilizas cuando te diriges a tus hijos? ¿Cómo te defines?

En el día a día son muchos los mensajes que consciente o inconscientemente le damos a nuestros hijos. Una madre que, por ejemplo, se enfoca constantemente en lo que sus hijos aún no han logrado puede estar siendo una madre que genera frustraciones. Recuerdo el caso de una mujer que en una reunión social le escuché decir, mientras su hijo estaba sentado a su lado, "inscribí a mi hijo en natación para ver si desarrolla fuerza en sus piernas porque no tiene fuerza". Minutos después decía "mi hijo come vegetales pero no come suficiente proteínas" y rato después "él socializa bien pero todavía no juega con niños de su edad". Esta madre, sin darse cuenta, mantiene su atención en lo que su hijo aún no logra en su desarrollo y con su lenguaje verbal esta señalándole constantemente lo que él no puede hacer. Esta madre puede estar generando en su hijo una constante frustración por no lograr lo que ella espera de él, por no cubrir sus expectativas.

Podemos ser madres supresoras si en nuestro lenguaje abundan con frecuencia palabras que descalifican a nuestros hijos. En ocasiones he escuchado a algunas madres decirle a sus hijos "no seas maleducado y saluda" "no seas salvaje, mastica con la boca cerrada, no como un animal" "con ese mal carácter que tienes no vas a lograr nada". Estas madres descalifican a sus hijos poniendo sobre ellos etiquetas que van directo a su identidad.

Otras madres enfocan con mucha frecuencia su atención en lo agotador de su rol. Quienes somos madres sabemos que este es un rol que exige de nosotras una atención constante a nuestros hijos y por tanto, puede volverse agotador sobre todo cuando los hijos están pequeños. Hay mujeres que enfocan tanto su atención en su cansancio que sin darse cuenta le hacen sentir a sus hijos que son una carga para ellas. Recuerdo a una mujer que atendí en una ocasión y en su discurso decía repetidas veces frases como "mis hijos me tienen cansada" "todo el tiempo estoy llevándolos a donde quieren ir" "no es fácil ser mamá" "estoy muy cansada". Son madres que con sus expresiones pueden generar culpas en sus hijos, el mensaje que les dan es que ellos son los culpables de su cansancio constante.

Con nuestro lenguaje podemos aprender a ser madres potenciadoras, cuando decimos a nuestros hijos frases como "tu puedes" "mamá está aquí contigo" "mamá te entiende" "a todos nos puede ocurrir" "puedes aprender a hacerlo" "qué crees que puedes hacer para lograrlo" "mamá cree y confía en ti" "saludar a las personas te hace un niño educado" "es de buena educación masticar con la boca cerrada". Estas son frases que no van dirigidas directamente a la identidad del niño y además potencian su desarrollo desde su condición de ser humano.

En el coaching nos enfocamos en promover una ecología del lenguaje. Limpiar el lenguaje y utilizar palabras potenciadoras hacia ti misma y hacia las personas que te rodean marcarán una diferencia. Inténtalo y comprueba por ti misma lo que te digo.

Pretendo con estos ejemplos reflejarte cómo podemos en el día a día transmitir mensajes que pueden instalar creencias limitantes o potenciadoras en nuestros hijos. Si como madre procuras estar atenta a tu lenguaje, a lo que dices con tus palabras y con tus gestos, estarás haciéndolo lo mejor que puedes. Hacer lo mejor posible no significa que tengamos que hacerlo a la perfección y sin equivocarnos, o de la misma manera que otra persona lo hace, ni siquiera que una respuesta que podamos dar en un momento determinado sea la misma que en otro momento o situación similar, porque influye el estado de ánimo, el estado físico, etc. Lo importante es que pongas tu observador en "on" para que cuando, como humana que eres, en algunos momentos utilices expresiones hacia tus hijos que puedan limitarlos, etiquetarlos o afectarles directamente su identidad, tú misma te atajes y puedas tomar consciencia del lenguaje que has utilizado. Muchas veces basta con un "darse cuenta" para comenzar a limpiar el lenguaje. Se podría decir que en cada momento de nuestra vida somos diferentes, en unas circunstancias y con unas limitaciones concretas. Pero podemos intentar ser impecables con la palabra. Si lo intentamos, de la mejor manera que podemos, ya es suficiente. Tus hijos, al igual que tu, están escribiendo el guión de su propia vida, y mientras son niños tú juegas un papel protagónico en su guión, como madre, estás imprimiendo mensajes, creencias y patrones de conducta.

Te pido que no subestimes a tus hijos, no cometas el error de pensar que por ser pequeños o estar distraídos jugando no se van a dar cuenta de lo que tú haces, de lo que dices y de cómo te manejas en tu vida. Así como tú conoces cada uno de sus gestos, de sus miradas, de sus caras, ellos también conocen cada mirada y gesto en ti. Recuerda que lo que llevamos por dentro es lo que transmitimos, que los hijos están allí, absorbiendo a cada instante todo lo que reciben de nosotras.

Esto me hace recordar un caso de una mujer de edad madura que se quejaba por la inestabilidad de su hija en sus relaciones de pareja. La hija no pasaba de los 30 años de edad y ya se había divorciado dos veces, y mantenía para ese momento una relación de pareja muy tóxica para ella. Como madre, esta mujer sufría al ver sufrir a su hija en medio de su inestabilidad y fracasos en sus relaciones maritales. Cabe destacar que esa hija era inestable únicamente en sus relaciones de pareja, pues a nivel laboral era exitosa y con una historia que indicaba estabilidad en todos los sentidos, además, en sus relaciones sociales en general también lo era, conservaba amigas de infancia, cultivaba sus relaciones con amigos adecuadamente, de tal manera que su inestabilidad se reflejaba únicamente en sus relaciones de pareja. Cuando comienzo a profundizar en la historia familiar encuentro que la relación de pareja que esta madre había sostenido toda su vida con quien era el padre de su hija era una relación marcadamente disfuncional. Tenían 32 años de casados y aún vivían juntos, pero la infidelidad había sido la base de tantos años de matrimonio, tanto ella como él durante esos 32 años habían tenido diferentes relaciones extramaritales, de manera que vivían juntos pero cada uno hacía su vida muy independiente del otro, no compartían un proyecto de vida en común. Cuando ella descubrió la primera infidelidad de su marido, teniendo pocos años de casados, por miedo a quedarse sola y desde la creencia de que el matrimonio es para toda la vida, decidió hacerse la vista gorda y como mecanismo de defensa comenzó ella también a ser infiel, esta fue la manera que ella encontró de sobrellevar las infidelidades de su pareja. Intuí que la inestabilidad de la hija venía de ese modelaje y comencé a profundizar en ello. Efectivamente, cuando tuve la oportunidad de trabajar con la hija, encontré que desde niña había sido testigo de las infidelidades por parte de su mamá y su papá. Nunca los vió directamente con otras parejas pero en reiteradas ocasiones escuchó conversaciones que cada uno de ellos por separado tenían vía telefónica con sus amantes, mientras ella jugaba o veía televisión allí, al lado de ellos. Ella recordaba incluso cómo en esas conversaciones acordaban para encontrarse a escondidas, etc. Este fue el modelaje que esta niña tuvo en cuanto a parejas se refiere. Por su parte, la madre en las consultas, al profundizar en estas cosas, reiteradas veces tenía expresiones como "bueno, yo si tuve mis aventuras, pero mi hija nunca se dió cuenta, ella estaba muy pequeña" "tu sabes que los niños están en su mundo y no se dan cuenta de muchas cosas". Es evidente que estos padres se manejaron desde la creencia de que el matrimonio, aunque no funcione, es para toda la vida y por ende buscaron sus mecanismos para fluir con una relación de pareja que no los satisfacía pero que tenían que aguantar y mantener. Además, fueron padres que en todo momento subestimaron a su hija, subestimaron su capacidad de percibir lo que ocurría a su alrededor, su capacidad de procesar situaciones por muy desconocidas que fueran para ella, pensaron que por ser niña no se daba cuenta de lo que ellos hacían, olvidaron que lo que ellos hacían era lo que le modelaban a su hija, y que la manera cómo se manejaban en su vida era lo que le transmitían a cada instante a su hija.

Te pido también que, si tienes varios hijos, tomes consciencia de que cada uno de ellos es diferente. Lo que puede marcar positivamente a uno puede que al otro no, o viceversa, una situación que pueda marcar negativamente a uno puede que para el otro pase desapercibida. Tampoco creas que ellos son de goma, que aguantan todo. Habrá situaciones que ciertamente puedan aguantar y sobrellevar sin mayor problema porque, sobre todo cuando son niños, su capacidad de adaptación es inmensa y sus recursos para canalizar los cambios son invaluables, pero eso no significa que nada puede afectarlos.

Me gustaría advertirte algo, cuando se trata de los hijos, cuando una situación, vivencia o experiencia los marca negativamente, por lo general cuando advertimos el daño ya está hecho. Esto nos pone enfrente una realidad, y es que no siempre podremos evitar que ciertas experiencias los marquen en su vida de manera negativa. Es por eso que vale más la prevención, el presente es lo único que podemos manejar, lo que hoy hacemos es lo que marcará las pautas de lo que ellos serán en un futuro.

Así que reconócete como madre, asume tu maternidad como uno más de los roles que puedes ejercer con excelencia, desde lo mejor que tú puedes hacer, no desde lo que se espera que hagas. Disfruta de la bendición de ser madre. Busca espacios para compartir con tus hijos, no para educarlos ni formarlos porque eso lo hacemos a cada momento y todos los días, para compartir realmente con ellos, para "estar" con ellos, jugar, correr, reír, ver sus programas favoritos, cantar sus canciones favoritas. Rescata a la niña que hay en ti y dale rienda suelta en esos espacios con tus hijos. Y si tienes hijos adolescentes o adultos, busca espacios para conversar con ellos, para charlar sobre las cosas de la vida, permíteles conocer tu opinión sobre la vida y conoce la de ellos. No te enfoques solamente en orientarlos, eso lo hacemos todos los días como madres, enfoca también tu atención en conocer cómo piensan ellos, qué experiencias han tenido, comparte actividades que a ellos les gusten, conoce a sus amigos e interactúa con ellos desde esa joven o adolescente que fuiste una vez. Conéctate con tu adolescencia y tu juventud y recuerda lo que a ti te gustaba hacer, lo que te apasionaba, lo que te daba miedo, para que puedas comprenderlos y manejarte desde la empatía.

No importa cuántos errores cometas, por mucho que ejerzas tu rol de mamá con excelencia siempre habrá errores que enmendar, cosas que corregir. Nunca es tarde para cambiar, para corregir lo que descubrimos que estamos haciendo mal. No importa cuántas veces te equivoques, si mantienes tu observador en "on" podrás rectificar y regalarte la oportunidad de enmendar, oportunidad que también le regalarás a ellos. Es maravilloso que tus hijos aprendan que mamá también se equivoca y, lo más importante, puede rectificar y cambiar. No temas mostrarle tu vulnerabilidad como ser humano, no pretendas ser perfecta para ellos, más bien enséñales que tu también estas en un constante aprendizaje, como ellos. Pídeles perdón cuando te equivoques y afectes sus sentimientos. Recuerda que la mejor herencia que podemos dejarles es un modelaje que, no será perfecto, pero si puede estar más cargado de cosas positivas que negativas.

Si como madre vas por la vida quejándote de todo lo que te hace sentir insatisfecha con tus hijos, de lo que te falta, te conviertes en víctima; si vas por la vida criticando todo lo que tus hijos hacen, siendo un juez prepotente, te conviertes en victimaria. En cambio, si vas por la vida agradeciendo, enfocándote en lo que tienes, reconociendo los logros de tus hijos y aceptándolos como son, sin duda, estarás siendo una persona más sana, y por ende, estarás dando un modelaje sano y potenciador a tus hijos.

Nunca es tarde....

Ejercicio.

Toma papel y lápiz y realiza un inventario para saber cómo es la imagen de la madre que existe en tu esquema mental. Cómo, según tu mapa mental, es esa madre que "debe ser". Describe a esa madre, con todas las características, y escríbelas en el papel. Tómate un tiempo para pensar en esto y deja que tu mano escriba, que fluya, sin razonar mucho, anota todo lo que pase por tu mente en este momento con respecto a la figura de "mamá".

Una vez hayas terminado de escribir léelo y pregúntate ¿es esta la imagen que soy hoy como mamá? ¿Quiero mantenerla? ¿Quiero cambiarla? ¿Qué me gustaría cambiar de esta imagen? ¿Esta imagen me genera culpas?

Con este ejercicio estarás abriendo una ventana a tus creencias limitantes sobre la figura materna, también podrás reconocer tus creencias potenciadoras. En todo caso, identifícalas y conéctate con ellas, este sería un buen comienzo.

TÚ PUEDES SER UNA MUJER EXITOSA Y REALIZADA

"El éxito es estar en el camino que quieres estar"

Ya hemos visto que, como mujer, son múltiples los roles que hoy cumplimos en una sociedad que cada día se hace más providente de oportunidades y retos.

Por muchos años la mujer fue vista como la figura maternal y protectora, sus responsabilidades apuntaban a la dedicación casi exclusiva de las labores de la casa, el cuidado de los hijos y el hombre con quien hacía vida en pareja. Roles heredados de nuestros ancestros que se perpetuaron en el tiempo y no fue sino hasta hace unas décadas atrás que la figura femenina pasó a ser protagonista en una sociedad que se volvió cada vez mas intermitente en cuanto a la distribución de roles y actividades compartidas. Hoy en día prácticamente no hay protagonismos ni desigualdad entre géneros, pues la mujer en su evolución demostró tener la misma capacidad del hombre para asumir roles que en épocas antiguas no asumía. Por su parte, el hombre también ha demostrado hoy en día ser tan capaz como la mujer cuando de cuidados maternos o del hogar se trata. Por ejemplo, cada día es más frecuente ver en las consultas pediátricas a los papás con sus hijos, mientras la madre trabaja o se ocupa de otras actividades inherentes a la familia.

De tal manera que las mujeres de estas últimas generaciones ya vivimos un rol absolutamente activo en la sociedad desde todo punto de vista. Esto de alguna manera ha marcado una diferencia, la mujer de hoy se somete por voluntad propia a la búsqueda de su propio camino, la motivación intrínseca ha hecho que se plantee retos y metas. Es por eso que hoy se ve una altísima participación femenina en las universidades y mercado de trabajo. Sin embargo, aún existe un porcentaje significativo de mujeres que hoy en día continúan dedicadas casi exclusivamente a las tareas del hogar y cuidado de sus hijos, a pesar de poseer un título universitario. Esto puede ser por una decisión personal o por las circunstancias de vida en un momento determinado, en todo caso lo importante es que sea una decisión propia y voluntaria. No hay decisión buena ni mala cuando se trata de que cada quien decida lo que quiere para su vida. Cada persona es libre de elegir a qué se quiere dedicar, qué camino quiere para su vida y de qué manera desea vivir, porque ya hemos visto que ello dependerá en gran parte de la historia de vida, creencias y patrones aprendidos....de la mochila de cada quien.

Recuerdo a una chica que cuando se casó tenía ya varios años ejerciendo su carrera y dedicada a su desarrollo profesional, un día me dijo "Yo he trabajado tanto que decidí que no quiero seguir cumpliendo horario....yo quiero dedicarme a mis hijos". Ella estaba convencida de no ejercer más su carrera universitaria porque, en ese momento de su vida, estar en la casa dedicada a sus hijos a tiempo completo le satisfacía enormemente. Era una chica desenvuelta, segura de sí misma y con una relación de pareja bastante funcional, por lo que su decisión de no trabajar fuera de la casa no respondía a sentimientos de minusvalía para asumir responsabilidades laborales fuera de casa ni a exigencias por parte de su pareja, sino a su propia voluntad. Por lo general mostraba buen humor, disfrutaba de estar con sus hijos, compartía tiempo de calidad con ellos, disfrutaba cuando dedicaba tiempo a las actividades de la casa, tenía una vida social activa, y refería que la carrera que estudió no la apasionaba y ya sentía que había experimentado lo suficiente ejerciéndola. Esta chica estaba satisfecha con la vida que tenía, con lo que había elegido para sí, con su decisión de no trabajar más y dedicarse a su hogar.

En contraposición, les comento de otra chica, a quien recibí en consulta hace un tiempo, joven y profesional, que había decidido no trabajar fuera de casa para dedicarse a tiempo completo a sus hijos. Predominaba en ella la figura de madre arquetipal, abnegada y dedicada en cuerpo y alma al cuidado de los hijos. Sin embargo, presentaba constantes cefaleas y llega a la consulta por episodios de ansiedad que estaba experimentando. En su día a día se quejaba con frecuencia de todo lo que tenía que hacer en casa y para sus hijos, a menudo mostraba episodios de mal humor, su pareja y sus hijos referían que siempre estaba molesta y se quejaba de estar muy cansada constantemente. Al profundizar en su terapia se hizo evidente una baja autoestima y poca seguridad en sí misma. Su decisión de no ejercer su profesión y quedarse en casa respondía más a sus miedos por no sentirse capaz de asumir responsabilidades en el mercado laboral y a sus creencias en cuanto al cuidado de sus hijos y de su pareja, lo que inevitablemente la llevaba a mantenerse en su zona de confort. En su interior, admiraba a las mujeres independientes que ejercían sus profesiones y además eran madres dedicadas. Cuando coincidía en reuniones sociales con este tipo de mujeres, refería sentirse en desventaja e impotente. Estaba claro que lo que había decidido para su vida no era lo que realmente la satisfacía y había llegado al punto de somatizar su insatisfacción con las cefaleas y episodios de ansiedad que estaba experimentando cada vez con mayor frecuencia.

Con estos casos que te he comentado, pretendo mostrarte la diferencia de elegir para tu vida aquello que realmente quieres, eso que tu alma te susurra, o elegir un camino que aparentemente parece más fácil pero que en realidad se vuelve tortuoso con el paso del tiempo, porque lo que eliges no es lo que en tu interior quieres para ti.

No se trata de definir como bueno o malo si decides ejercer ciertos roles o no. Se trata de que tu decisión sea congruente con lo que realmente quieres, con lo que sientes en tu interior, con lo que sueñas, con lo que proyectas para tu vida, con lo que quieres para ti.

Es por eso que hago tanto énfasis en que te conectes contigo, te preguntes qué es lo que quieres hoy, y si lo que estás haciendo hoy te llevará a lo que quieres para tu vida, a donde quieres estar. Te invito a que seas honesta contigo, y si en ese proceso de revisarte descubres que han sido otras las razones por las que has elegido lo que tienes y eres hoy, te des cuenta que esa realidad la puedes cambiar. Créeme cuando te digo que nunca es tarde.

En la encuesta que realicé, ante la pregunta **¿Te consideras capaz de tener éxito?** Los resultados arrojaron que sólo 20 de 72 mujeres respondieron que NO, lo que refleja que un 28% de la muestra no se siente capaz de tener éxito. En contraposición con el porcentaje que respondió que SI estos resultados lucen alentadores. Sin embargo, ¿Qué pasa con ese 28%? ¿Qué sucede con esas 20 mujeres que no se sienten capaces de ser exitosas? ¿Qué las llevó a responder que NO?

Estos resultados se compaginan con otra pregunta de la encuesta que decía **¿*Te consideras una persona segura de sí misma*?** Pregunta ante la que 23 de 72 mujeres respondieron que NO, lo que arroja que el 32% de las encuestadas experimentan poca seguridad en sí mismas.

Convergen estos resultados, pues una mujer que no se siente segura de sí misma lo más probable es que no se sienta capaz de tener éxito.

La falta de confianza merma todo el potencial que tenemos, la duda acerca de nosotras mismas es la que nos frena cuando tenemos frente a nosotras una oportunidad o cuando simplemente esa vocecita interior nos habla y nos muestra una clara idea para encaminarnos hacia donde realmente queremos ir.

Es preciso reconocer que estas respuestas son el reflejo de creencias limitantes, desesperanza aprendida, miedos, baja autoestima, en fin, de una mochila que necesita ser revisada.

¿Te has preguntado qué es el éxito *para ti*?

Notarás que hago énfasis en "para ti", si, porque con muchísima frecuencia pensamos en el éxito desde lo que otros refieren que es. La sociedad impone un modelo de éxito que puede distar mucho de lo que sea el éxito para ti. Según los cánones sociales una persona exitosa es aquella que logra un status significativo porque ha logrado tener un empleo que le genera dinero para adquirir los bienes que quiere, se destaca en su trabajo, tiene una familia y una calidad de vida aceptable, lo que significa que goza de cierta libertad financiera y eso lo hace ser exitoso.

Ahora bien, ¿crees que todas las personas con características como las que mencioné anteriormente se sienten exitosas? Me permito compartir aquí otro ejemplo que ilustrará muy bien lo que quiero decir.

Hace un tiempo conocí a un joven que emigró de su país buscando un futuro mejor. Era ingeniero y contaba con pocos años de experiencia, sin embargo, tuvo la oportunidad de trabajar para una compañía muy importante en su área de trabajo, una compañía en la que muchos jóvenes como él desearían entrar para hacer carrera profesional. El chico rápidamente se destacó en su trabajo porque era dedicado, responsable, inteligente y tenía los conocimientos necesarios para brillar en el cargo que le habían designado, por lo que no tardó en recibir un ascenso en la compañía. Además, era un joven apuesto, soltero y con una alta demanda femenina. Su situación económica era muy aventajada porque el trabajo era muy bien remunerado y además contaba con el apoyo de sus padres que eran también bastante aventajados económicamente. El chico llega a mi consulta realmente devastado, era evidente que lo acompañaba un proceso depresivo severo. Refería sentirse fracasado y débil emocionalmente porque había incluso consumido drogas en los últimos días como vía de escape a su malestar. Cuando comienzo a explorar en su familia de origen, se evidencia una dinámica familiar estricta, rígida, poco permisiva, con unos padres autoritarios y exigentes. Al profundizar sobre esto encuentro que desde niño él siempre se sintió atraído por las artes, era un escritor incógnito, había escrito ya centenares de poemas y libros orientados a la poesía lírica. Además, le apasionaba todo lo que se relacionara con el tallado de esculturas y tenía en su casa algunas hechas por él que realmente eran impresionantes. Cuando tuve la oportunidad de leer algunos de sus poemas y admirar sus esculturas me sentí muy conmovida. Me conmovía ver cómo brillaban sus ojos cuando mostraba y hablaba de sus poemas y sus esculturas, y cómo cambiaba drásticamente su rostro cuando se conectaba de nuevo con su realidad, con su trabajo y su profesión. Si me preguntaras cómo pudiera ilustrar lo que percibía en él te diría que la mejor imagen que me viene a la mente es la de un pajarito encerrado en una jaula de oro con la puerta abierta, pero que no se atreve ni se ha atrevido nunca a salir porque teme de lo que pueda encontrar afuera.

Viniendo de unos padres represivos, cuando alcanzó la mayoría de edad y tuvo que decidir qué estudiar, tomó la decisión de estudiar ingeniería para cubrir las expectativas de sus padres. Su padre también era ingeniero y debía a su carrera la abundancia económica que toda la familia disfrutaba. Así que, sin preámbulos, en aquel momento pareció tácito que él seguiría los pasos de su padre, y para no defraudarlos él así lo hizo. Refería en consulta que sentía que llevaba una doble vida, la del ingeniero que gozaba de una excelente oportunidad laboral y de una independencia económica bastante satisfactoria, y la del poeta y escultor frustrado que en su soledad le daba rienda suelta a su pasión, cosa que nadie en su familia y círculo de amigos allegados conocía. Su padre era del tipo de personas que menospreciaba las ocupaciones relacionadas con el arte porque, para él, esos eran menesteres de personas débiles y con orientaciones sexuales desviadas. Así es que este chico debía su depresión a la imposibilidad que él percibía de vivir la vida que quería vivir. Refería en sus sesiones que cada día al despertar sentía que la ira lo consumía, rechazaba el trabajo que tenía, hasta le molestaba el dinero que ganaba, sin embargo, cada día llegaba a su trabajo y mostraba su mejor sonrisa y cumplía a cabalidad con todas sus responsabilidades porque si algo le habían enseñado sus padres era a "vivir siempre dando el mejor ejemplo". Este joven había escogido una vida que no era la que realmente quería vivir, y llegando a sus 30 años de edad, comenzó a sentir que ya no podía continuar ese camino. Era realmente un poeta, un artista, aún recuerdo cómo tantas veces me llegó a decir en la consulta "a mí lo que me gusta es escribir" "sueño con el día en que la gente pueda leer mis poemas y dedicarlos" "sueño con el día en que pueda exponer mis esculturas y gritarle al mundo lo que soy". Para él, el éxito no había tocado a su puerta. Ya podrás imaginarte cómo fue necesario trabajar su mochila!

Tras este ejemplo vale la pena preguntarse ¿Qué es el éxito? El éxito es despertar en las mañanas y sentir que eres bendecida por hacer cada día lo que te gusta hacer, lo que te apasiona, sentir que tienes una vida afortunada. Una vida afortunada significa estar llena de paz y hacer todo lo que te gusta hacer. El éxito es reconocer que lo que haces tiene resultados positivos para ti y para otros, porque en lo que haces está tu verdadera vocación. El éxito es dejar huellas positivas con lo que haces cada día.

Tiene éxito la maestra que tras semanas de esmero logra que sus alumnos aprendan los objetivos planteados. Tiene éxito el repartidor de periódicos que, luego de madrugar, logra dejar en su ruta y a tiempo, todos los ejemplares que le han sido asignados. Tiene éxito la madre que después de un largo día de dedicación a sus hijos o de una larga jornada de trabajo fuera de casa recibe el beso de amor más genuino antes de dormir. Tiene éxito el chef que después de un día entero cocinando logra el deleite de sus comensales. Tiene éxito quien en su tiempo libre realiza la actividad que más le gusta, como clases de baile, rutinas de ejercicio, un deporte especifico, leer, escribir, tomar fotos. Tengo éxito yo, si a estas alturas continuas leyendo este libro.

El éxito es vivir en paz contigo misma porque **estás en el camino que quieres estar.**

Puedes vivir toda una vida dormida, muchas personas van por la vida sin saber qué ocurrió o sin ser conscientes de sus acciones, sin darse cuenta de qué es lo que realmente quieren y qué es lo que están haciendo. En ocasiones nos encontramos en el camino con personas como el joven que cité anteriormente, que son capaces de asumir y responder a retos externos sin poder resolver el reto más complicado que tenemos los seres humanos, vencer el ego y lograr un autoconocimiento genuino y verdadero. Con frecuencia nos empeñamos en mostrar al mundo lo que podemos hacer, lo que sabemos hacer, siendo reactivas a las exigencias del entorno. Y pocas veces nos conectamos con lo que somos, con lo que queremos ser, con nuestra alma.

Es tiempo de reconocer que las respuestas a nuestros más grandes problemas existenciales y los problemas más básicos de la vida están en nuestro interior. Cuando somos niños tenemos una capacidad increíble para saber qué es lo que necesitamos, somos capaces de reconocer nuestras necesidades e ir en busca de la satisfacción de éstas. A medida que vamos creciendo y comenzamos a interactuar con el exterior comienzan las expectativas hacia los demás, y así esperamos que sepan responder nuestras preguntas y cumplir con nuestras necesidades. Es a partir de este momento cuando entregamos nuestro poder y voluntad a los demás y quedamos susceptibles a recibir cualquier influencia del exterior.

Conforme nos vamos alejando de nuestra sabiduría interna, más nos acercamos al conocimiento de otros, corriendo el riesgo de posponer nuestras propias necesidades e intereses por enfocarnos en los de los demás. Es por eso que todo proceso terapéutico o de coaching es tan importante en esos momentos de la vida en que nos damos cuenta que nosotras mismas nos hemos puesto en un segundo plano, porque es en estos procesos donde podemos reconocernos y experimentar la posibilidad de cambiar. Es maravilloso reconocer que no hay momentos ordinarios, cada momento que ocurre en la vida es un momento extraordinario.

Me gustaría compartir contigo un cuento que, tal vez ya lo conoces, tal vez no, en todo caso, creo firmemente en los tiempos. Cuando vemos una película, leemos un libro o escuchamos una historia, el tiempo y el momento en que lo hacemos es determinante en el impacto que éste puede tener en nosotros.

Jorge Bucay[1], en su libro *Déjame que te cuente...Los cuentos que me enseñaron a vivir* nos regala un cuento llamado **"El elefante encadenado"** en el que narra la historia de un niño que se encontraba en el circo con su padre y se deslumbraba con la fuerza, tamaño y peso del elefante en una función en la que éste hacía gala de su poder descomunal por el peso y tamaño que tenía. Poco después de presenciar el poder de este animal el niño se da cuenta que tras escenario el elefante yacía sujeto sólo por una cadena que aprisionaba una de sus patas a una pequeña estaca clavada en el suelo, y aunque la cadena era gruesa, era obvio que ese animal tan grande y fuerte podía con gran facilidad arrancar la estaca y huir. Ante ese escenario el niño le preguntó a su padre ¿qué mantenía al elefante atado a esa estaca? ¿Por qué no huía? Pregunta a la que el padre respondió que no huía porque estaba amaestrado. Ante tal respuesta el niño curioso preguntó ¿si está amaestrado, por qué lo encadenan? sin obtener respuesta alguna. Cuando el niño se hizo adulto, finalmente encontró la respuesta a su pregunta, descubriendo que el elefante del circo no escapa porque ha estado atado a una estaca parecida desde que era muy, muy pequeño. Comenta Bucay en el cuento que podía imaginar al pequeño elefante recién nacido sujeto a la estaca. Seguramente que en aquel momento el elefantito empujó, tiró y sudó tratando de soltarse y a pesar de todo su esfuerzo no pudo. La estaca era ciertamente muy fuerte para él que era tan solo un pequeño elefantito. Probablemente se dormía agotado de intentar zafarse de la estaca, intentándolo cada día que pasaba sin lograr soltarse. Hasta que un día, un terrible día para su historia, el animal aceptó su impotencia y se resignó a su destino. Aquel elefante enorme y poderoso, ese que vemos en los circos, no escapa porque cree, el pobre, que NO PUEDE. Él tenía registro y recuerdo de su impotencia, de aquella impotencia que sintió poco después de nacer. Y lo peor es que jamás se volvió a cuestionar seriamente ese registro. Jamás intentó poner a prueba su fuerza otra vez.

En este cuento, Bucay nos muestra claramente cómo muchas veces vamos por el mundo atados a cientos de estacas que nos restan libertad, condicionados por el recuerdo de "no puedo", olvidando que la única manera de saber, es intentándolo de nuevo.

No importa cuántas veces hayas intentado ir en busca de lo que realmente anhelas, no importa cuántas veces lo hayas intentado sin haberlo logrado. Los tiempos cambian, tú cambias cada día, la vida cambia, intentarlo hoy jamás dará los mismos resultados de ayer. Hoy tú no eres la misma de ayer. Pruébalo y descúbrelo tú misma.

EL CICLO DE LA VIDA

"Los sueños no tienen edad,
se es viejo cuando se deja de soñar"

Ante la pregunta de la encuesta **¿Piensas que la edad puede ser limitante para alcanzar algunas metas?** Los resultados obtenidos muestran que de 72 mujeres 45 de ellas respondieron que SI, lo que indica que un 63% considera que la edad es limitante para lograr metas.

Quiero comenzar por comentar que las edades de las mujeres que respondieron la encuesta oscilan entre 30 y 45 años. Y hago la salvedad porque es realmente impactante que en una muestra de mujeres de estas edades, el porcentaje de ellas que considera que la edad es limitante para lograr una meta sea mayor a la mitad de la muestra.

Estos resultados evidencian cuánto podemos ir por la vida como el elefante encadenado. Si pensamos que por la edad que tenemos ya hay metas que no podemos lograr, estamos siendo como el elefante, resignadas a quedarnos donde estamos a pesar de querer ir mas allá, encadenadas a estacas que nosotras mismas hemos puesto o que mantenemos por aprendizajes anteriores. Esas estacas tienen nombre, creencias limitantes y desesperanza aprendida.

Permíteme decirte que los sueños no tienen edad, son atemporales y muy personales. Hoy en día, por ejemplo, existen fundaciones y organizaciones que se dedican a trabajar con personas de la tercera edad, enfocadas en enseñarles que aún pueden ser productivas, pueden lograr metas y aprender cosas nuevas, a pesar de estar en la tercera edad.

Una vez conocí a una señora que tenía alrededor de 60 años de edad. La conocí porque colaboraba como voluntaria en el colegio donde estudiaba mi hija. Ella se encargaba de la logística de unos talleres para padres que dictaba el colegio. Comenzó encargándose de las fotocopias y los manuales del taller y su actitud era tan dispuesta y dedicada que posteriormente le asignaron la tarea de recibir a los padres, guiarlos hasta el salón donde se dictaría el taller y estar pendiente de ellos durante el curso. En una oportunidad me senté a conversar con ella, era una mujer sonriente, alegre, que irradiaba felicidad. Me contó que ella había trabajado toda su vida como contadora y ya estaba jubilada, sentía que había aprendido mucho en los 20 años que trabajó como contadora y que agradecía la pensión que tenía por esos años de trabajo, pero que su verdadera pasión siempre había sido la psicología. Le gustaba ayudar a los demás, siempre había sentido gran curiosidad por el conocimiento de la mente, pero de joven la oportunidad que tuvo fue de estudiar contaduría. Sin embargo, cuando tuvo tiempo porque dejó de trabajar, se ofreció como voluntaria en el colegio de su nieta ayudando en la organización de estos cursos porque vió allí una oportunidad de vincularse con algo que tuviera que ver con la orientación, la ayuda a otros, etc. Manifestaba sentirse plena como colaboradora de esos talleres para padres, sentía que estaba haciendo lo que le gustaba, a pesar de no tener un ingreso económico disfrutaba enormemente lo que estaba haciendo. Aún recuerdo su tono de voz entusiasta cuando me dijo "Ahora sí puedo decir que estoy haciendo lo que de verdad me gusta". Esta mujer no prestó atención a su edad para ir en busca de lo que quería, para lograr tener la experiencia de trabajar en algo relacionado con lo que le gustaba y le apasionaba. Esta mujer pronto se convirtió en un ejemplo dentro del taller de padres, terminó dando su testimonio a los padres a quienes les manifestaba lo feliz que se sentía allí como ejemplo de que nunca es tarde para tomar otros rumbos o para vivir nuevas experiencias.

La vejez no es simplemente una edad cronológica de la vida, sino un estado del espíritu humano. Se es viejo cuando se deja de soñar.

Así que no te ates a estacas que puedes vencer. La edad cronológica no es limitante si te dispones a ir en busca de lo que quieres, lo que te limita es tu mente.

Según la programación mental que tenemos la vida se manifiesta como un ciclo. Este ciclo se inicia durante los primeros años de vida, a través de las propias experiencias del día a día. En esa etapa aún no tenemos la capacidad de distinguir entre lo que es bueno o malo, digamos que no tenemos consciencia, por tanto es la etapa en la que nos programan. De esta manera recibimos la influencia de estímulos externos que vienen principalmente de personas vinculadas a nosotros desde que nacemos, como padres, amigos, familia, ellos transmiten información en base a sus propias experiencias y conocimientos. Las generaciones de hoy reciben incluso la influencia de los medios de comunicación y el internet. Todo este proceso da como resultado lo que eres hoy, con tus creencias, tu identidad, tus valores.

Partiendo de esa programación inicial surgen los deseos. Comenzamos a desear cosas o a plantearnos metas teñidas por nuestras creencias. Comenzamos a desear ser como papá o como mamá, ser astronautas, maestras, en fin, comenzamos a desear no sólo ser como alguien que ha sido una figura importante para nosotros en nuestro proceso de desarrollo, sino que también comenzamos a desear tener cosas materiales, y llegamos a la adultez con un sinnúmero de deseos por alcanzar, deseos que se han definido según la programación mental que traemos. Es así como hay personas que, por ejemplo, desean cosas lujosas, una casa grande, un automóvil deportivo; mientras otras personas consideran que es pecado desear ese tipo de cosas.

De manera que, partiendo de esta programación, deseamos y nos planteamos objetivos y, según nuestra percepción de la realidad, vamos tomando decisiones que nos llevan a alcanzar eso que deseamos. Esas decisiones nos llevan a la acción y de esa manera cada uno de nosotros adquiere una forma particular de dirigirse en su vida para lograr lo que desea, incorporando patrones de conductas que se repiten y que son los que definen la forma de cada quien. Así es como la repetición constante de ciertas acciones es una muestra de nuestra forma de pensar y hacer las cosas. Al final, los resultados siempre van a ser congruentes con nuestra mentalidad. Esto significa que los resultados que producimos en nuestra vida están directamente ligados a nuestra programación mental.

Veamos el siguiente caso. En una oportunidad recibí en mi consulta a una mujer que había tenido varias relaciones de pareja y todas mostraban más o menos el mismo perfil, habían durado alrededor de 2 o 3 años, comenzaban siendo muy intensas emocionalmente y al cabo del tercer año esa intensidad se diluía para terminar posteriormente de una forma violenta y destructiva para ambos. Recuerdo que, entre otras cosas, expresaba "Yo no sé por qué mis relaciones siempre terminan igual". Durante el proceso, se evidenció un patrón que fue preciso trabajar. Cada vez que comenzaba una relación de pareja ella desbordaba su emoción y su entrega al punto de cambiar su vida si era necesario, por ejemplo, si a su pareja le gustaba montar a caballo ella de inmediato se ponía las botas y el jean y dedicaba sus fines de semana a montar caballo con él, renunciando a todo lo que ella solía hacer en sus fines de semana antes de tener esa relación. De esta manera ella terminaba amoldando su vida completamente a la vida de él, y volcaba todas sus expectativas en esa relación. Esto, naturalmente, hacía que los primeros meses o años de la relación fueran muy intensos y disfrutables. Sin embargo, cuando esa pasión comenzaba a nivelarse, como ocurre en toda relación de pareja, y la intensidad bajaba, la necesidad de los espacios personales de cada uno se hacía sentir, era en ese momento en el que ella se daba cuenta que ya no tenía sus propios espacios, porque había renunciado a todo lo que no tuviera que ver con su pareja. Cuando él reclamaba sus espacios ella no podía comprenderlo y comenzaba a sentir que él no valoraba todo lo que ella había apostado a la relación al punto de dejar su vida a un lado para hacer una vida con él, que yo diría más bien, una vida a la sombra de la de él. Así, comenzaban los resentimientos en ella y pasaba de un extremo a otro, de amar todo lo que estuviera relacionado con él a rechazar contundentemente todo lo que tenía que ver con él. El resultado era el fracaso de la relación.

Como ella se había manejado con todas sus relaciones desde ese mismo patrón, el resultado siempre era el mismo. Su programación mental dirigía sus comportamientos y su forma de manejarse en cada relación que establecía. De esta manera sus relaciones de pareja estaban siendo cíclicas y fue preciso trabajar para que aprendiera a romper ese ciclo, de lo contrario, seguiría obteniendo los mismos resultados.

Con este ejemplo pretendo que tomes consciencia de cómo la vida se vuelve un ciclo según la manera cómo nos manejamos ante las relaciones interpersonales, los afectos, el trabajo, la familia y todo lo que tenga que ver con la vida personal. La invitación es a chequear, si no estás teniendo los resultados que deseas, es preciso que rompas el ciclo, que revises tus creencias, pensamientos e ideas y reconozcas cuáles de ellas no están funcionando o no te están sirviendo para llegar a donde quieres llegar. De esta manera tú puedes decidir cambiar, a pesar de que exista un ciclo, tú puedes elegir romperlo y cambiar los resultados. La elección es tuya, romper ese ciclo depende de ti.

Piensa en tu vida como si se tratara de un viaje por carretera. No sabes exactamente hacia donde te diriges, pero el paisaje te resulta agradable. Al cabo de un tiempo te das cuenta que estas viajando en círculo y te acercas a ver lo que ya viste antes. Pero de repente aparece una bifurcación y te das cuenta que en realidad has pasado ya varias bifurcaciones pero a la mayoría no le prestaste atención, y las que sí viste las ignoraste porque te sentías muy cómoda en tu camino. Sin embargo, decides en ese momento escuchar a tu intuición, a tu alma, que te dice que cambies de dirección y así lo haces, tomas otro camino, encontrando que este diverge un poco del anterior pero aún así el paisaje es también agradable y puedes recorrerlo y darte la oportunidad de conocer un sendero nuevo.

De eso se trata, y para romper el ciclo no hay edad mi querida lectora, solo basta la consciencia y la disposición de hacerlo. No permitas que tu edad te limite para ir en busca de lo que quieres y anhelas, el éxito es ilimitado.

SÉ TÚ MISMA TU MEJOR EJEMPLO

"Deseo que tu espejo sea el reflejo
de lo que has querido ser"

Hablando desde mi propia experiencia, siempre he pensado que nadie puede salvarse de las adversidades y dificultades de la vida, creo que es difícil que exista una persona que no haya tenido alguna experiencia negativa. A algunos nos toca vivir pérdidas, abandonos o experiencias dolorosas más temprano que a otros, pero al final, a todos nos toca alguna vez darle la cara al dolor. Lo importante es tener presente que lo que no has vivido no significa que no exista. La vida es un viaje en el que podemos por momentos ver paisajes hermosos y disfrutar mucho del camino, pero también podemos encontrar tempestades y caminos empedrados, tal vez para algunos los caminos puedan ser más cuesta arriba que para otros, en todo caso, ocúpate de tus propios caminos, y deja que los demás se ocupen de los suyos. Es importante aprender a darle la cara a las adversidades, porque además de demostrarnos a nosotras mismas que somos capaces de superar los obstáculos y sobrevivir a las tempestades, ello nos permite valorar y apreciar más los paisajes hermosos y los buenos momentos.

Ya he mencionado antes que la vida perfecta no existe, lo que sí existe es la posibilidad de hacer de tu vida lo mejor que puedas. Es preciso aceptar las situaciones, experiencias o circunstancias cuando éstas no son las que esperamos. Aceptar que la realidad no es siempre como queremos es parte del crecimiento en este camino que se llama vida.

Podemos tener un trabajo que no nos apasione y que necesitemos conservar por razones económicas, podemos tener una familia disfuncional, podemos tener unos hijos rebeldes, podemos pasar circunstancias y momentos difíciles en la vida, podemos caernos ante la adversidad, lo importante es, y siempre será, cómo reaccionamos ante cada una de estas situaciones, cómo nos manejamos ante ellas, cómo fluimos con ellas. Fluir significa no quedarse anclada en el sufrimiento o dolor que generen estas situaciones ni eternizarlas, tomar consciencia de que nada es para siempre alimenta la esperanza y la fe de que todo es pasajero y aún la peor experiencia siempre puede pasar.

La mejor herencia que podemos dejarle a nuestros hijos es la enseñanza, a través del modelaje, de que "sí se puede", que no hay adversidad que no se pueda superar, que aún en los peores momentos podemos ser capaces de sonreír y creer que todo pasará. Si como madres tenemos frente a la vida la actitud de seguir adelante, de soñar, de creer que podemos, de no eternizar las situaciones, de derrumbarnos pero a la vez levantarnos y seguir, de creer que somos capaces, eso será lo que nuestros hijos aprendan. No hay discurso con palabras que logre lo que las acciones y el modelaje pueden lograr.

Todo es posible, somos nosotras quienes nos ponemos límites, eres tú misma quien puede programarse para ser víctima de las circunstancias o programarse para alcanzar la realización personal, para tomar las acciones necesarias que te llevarán al logro de eso que anhelas.

Una de las preguntas de la encuesta realizada enunciaba *¿Tienes alguna meta que siempre hayas querido alcanzar y aún no lo has hecho?* Los resultados arrojaron que 58 de 72 mujeres respondieron SI ante esta pregunta, lo que se traduce en que un 82% de las mujeres encuestadas tienen al menos una meta que han querido realizar y aún no lo han hecho. Eso es maravilloso, mientras exista la vida, existirá la posibilidad de soñar, de anhelar, de querer ir más allá. Sin embargo, si analizamos esta pregunta con la pregunta enunciada en el capítulo anterior en la que el 63% de la muestra consideró que la edad puede ser limitante para alcanzar algunas metas, podemos observar que de este 82% que expresa tener en este momento metas pendientes por alcanzar, sólo un 19% tendrá mayor probabilidad de alcanzarlas, el otro 63% requieren revisar sus creencias de que la edad es una limitante.

En una oportunidad me preguntaba una joven "¿Cómo puedo hacer si necesito el trabajo que tengo para sostenerme pero no es precisamente lo que me gusta hacer, no me disgusta, pero tampoco es lo que más me gusta?" En ese momento le pregunte "*¿Y qué es lo que más te gusta hacer?*" y me dijo "Amo la naturaleza, y me encanta tomar fotos de paisajes naturales...también me fascina bailar... pero de eso no puedo vivir". Le pregunté "*¿y en tus tiempos libres qué haces?*" En ese momento pareciera que le hubiese hecho una pregunta de física cuántica cuya respuesta no conocía, la expresión de su cara evidenciaba que mi pregunta la había desubicado. Enseguida respondió "Bueno....no se....nada.....a veces salgo con amigos pero no es siempre, por lo general me quedo en casa y eso a veces hasta me deprime". Ante esta respuesta le dije *"Si te gusta tomar fotos y te gusta bailar ¿qué tal si vas y buscas donde puedes recibir clases de baile y empiezas a tomar fotos en tu tiempo libre?"* Desconcertada me dijo "Me gusta el Tap, siempre me ha encantado, veo programas de TV de concursos de baile que incluyen el Tap pero nunca lo he bailado yo" *"¿y qué te impide aprender a hacerlo?"* "No sé, nunca lo había pensado".

Al poco tiempo me la encontré y me contó que había encontrado una academia de baile y estaba tomando clases de Tap, además se había comprado con sus ahorros una cámara fotográfica y estaba tomando fotos en su tiempo libre y se sentía plena, con ganas de vivir, incluso sentía que en esos momentos en que bailaba o tomaba fotos se desconectaba tanto de todo que eso le ayudaba a sobrellevar el stress que le producía el trabajo.

Hoy quiero decirte que de eso se trata, de buscar espacios para hacer lo que amas, lo que te apasiona. Si no puedes hacer todos los días lo que te apasiona busca espacios para hacerlo en tus tiempos libres. Esos momentos se convierten en momentos dedicados a ti, te permiten disfrutar de lo que te gusta, son tus propios espacios. Son esos momentos los que te hacen más fácil la vida, los que merman el stress q te pueda ocasionar el trabajo o las obligaciones q tienes en tu vida diaria, son esos momentos los que te nutren el espíritu, los que te conectan con tu luz, con tu alma. Y es en esos espacios donde puedes descubrir tus talentos, habilidades que jamás pensaste que tenías. Esos son los momentos de calidad en tu vida.

El deseo puede más que la adversidad, el deseo ferviente de lograr algo puede más que cualquier vicisitud. La fe de saber que las circunstancias adversas son pasajeras y el ímpetu y la voluntad de tomar acciones para superar los momentos difíciles son tus mejores aliados. Si deseas de corazón, con fuerza, y confías en que lo que deseas va a suceder te estarás programando para que suceda. No importa si en el momento no sabes cómo porque las circunstancias te muestran que no hay camino, si tienes fe y confías, sucederá.

He conocido personas que a pesar de haber tenido experiencias negativas y adversidades en su vida no han aprendido o no han reconocido en sí mismas su capacidad para superarlas y, cuando se encuentran ante una situación difícil se dan por vencidas fácilmente o se victimizan. Son personas que no creen en sí mismas, no confían en que la tempestad va a pasar y podrán ver el sol nuevamente, son personas que no tienen fe, a pesar de que manifiestan ser personas de fe. La fe se vive y se experimenta en tu interior, no sólo se predica.

Una de las primeras cosas necesarias para alcanzar la realización es, además de centrar la atención en lo que quieres y tener fe en que lo vas a lograr o lo vas a obtener, eliminar las pequeñas molestias. Si tienes la seria intención de realizarte plenamente, comienza por eliminar todo lo que "soportas" en tu vida cotidiana, incluyendo esas relaciones que en vez de generarte ganancias y aportar a tu vida te desgastan y consumen tu energía. Tampoco permitas que los "debería" consuman tu energía. Los "debería" son esas cosas que creemos que debemos hacer, que representan una obligación, pero que en realidad no nos interesan. Los "debería" abruman, desaniman y nos alejan de lo que realmente queremos en la vida.

Así que sé tú misma tu mejor ejemplo, ábrete a nuevas experiencias, realiza cada día algo que te haga ilusión. Es increíble lo aburrida y monótona que puede llegar a ser la vida si no tenemos algo que nos ilusione. Para encontrar y hacer esa actividad que nos da ilusión es indispensable crear el espacio para hacerlo, cada vez que quieras algo nuevo en tu vida, debes crear el espacio necesario para incorporarlo. Permítete disfrutar de aprender algo nuevo, rompe esquemas y ciclos, prográmate para tener la vida plena que te mereces, demuéstrate a ti misma que eres capaz de hacer de tu vida lo que realmente quieres para ti.

Vive tu presente, aquí y ahora, vive cada momento con intensidad. Nunca serás mejor o peor que nadie, cuando rompes la comparación creces y te permites gozar de cada momento. Tu camino lo haces tú.

Ejercicio.

Te sugiero un ejercicio para identificar lo que hoy te esta incomodando en tu vida.

Haz una lista de todas las cosas, personas, situaciones que hoy sientes que están robando tu energía, que te incomodan, que te molestan. Escribe esa lista en un papel, dejando que tus pensamientos fluyan y sin filtrar lo que pase por tu mente mientras escribes. Una vez terminada tu lista tómate unos minutos para leerla y reflexionar sobre lo que has escrito. ¿Qué de todo lo que escribiste está en tus manos cambiar? ¿Qué necesitas hacer para cambiarlo? Ahora regálate la oportunidad para hacerlo. Y aquellos que no está en tus manos cambiar decide qué quieres hacer con eso. Puedes escribirlo en una hoja aparte y quemarlo, para dejarlo ir. Es una manera de saber que son cosas que te incomodan en tu vida pero como no está en tus manos cambiarlas simplemente puedes quitarle tu atención, dejarlas ir, aprender a fluir con ellas, quemarlas para que pasen a otro nivel en tu vida en el que no tendrán el foco de tu atención.

Atrévete a salir de tu zona de confort. Dale la bienvenida a lo que aún no has logrado, el mundo te está esperando.

De la mano de tu alma... el mundo puede estar en tus manos!

Suerte!

REFERENCIAS BIBLIOGRÁFICAS

1.- Jorge Bucay. Déjame que te cuente...Los cuentos que me ensenaron a vivir. Octava edición. Barcelona: RBA Libros S.A; 2008.

2.- Albert Bandura. Social learning theory. New York: General Learning Press; 1977.

3.- Robert Dilts. Cómo cambiar creencias con la PNL. Segunda edición. Málaga: Editorial Sirio, S.A; 2000.

4.- M. Tamayo. El proceso de investigación científica. Caracas: Editorial Panapo; 2002

5.- F. Arias. El proyecto de investigación, introducción a la metodología científica. Quinta edición. Caracas: Editorial Episteme; 2006.

6.- Lyvia Morales. Soy más de lo que pensaba. Miami: Editado por Angélica Fajardo; 2011.

7.- Daniel Goleman. Inteligencia emocional. New York: Editorial Kairos; 1996.

8.- Jorge Bucay y Silvia Salinas. Amarse con los ojos abiertos. Argentina: Editorial Océano; 2000.

9.- Miguel Ruiz. Los cuatro acuerdos. Barcelona: Ediciones Urano S.A; 1998

10.- Joseph O'Connor y Andrea Lages. Coaching con PNL. Barcelona: Ediciones Urano; 2005.

ANEXOS

ENCUESTA.

1 Actualmente estás satisfecha con lo que haces cada día? 72/72

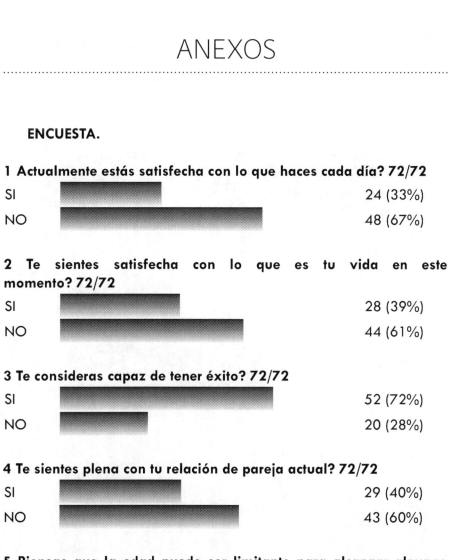

SI   24 (33%)

NO   48 (67%)

2 Te sientes satisfecha con lo que es tu vida en este momento? 72/72

SI   28 (39%)

NO   44 (61%)

3 Te consideras capaz de tener éxito? 72/72

SI   52 (72%)

NO   20 (28%)

4 Te sientes plena con tu relación de pareja actual? 72/72

SI   29 (40%)

NO   43 (60%)

5 Piensas que la edad puede ser limitante para alcanzar algunas metas? 72/72

SI   45 (63%)

NO   27 (38%)

6 Si eres madre, estás satisfecha con lo que hoy le das a tus hijos como mamá? 72/72

SI   40 (57%)

NO   30 (43%)

7 Tienes alguna meta que siempre hayas querido alcanzar y aún no lo has hecho? 72/72

SI   58 (82%)

NO   13 (18%)

8 Te consideras una persona segura de sí misma? 72/72

SI   49 (68%)

NO   23 (32%)